Um auch Ihnen die bayerische Gastlichkeit und Gemütlichkeit etwas näherzubringen, haben wir in diesem Jahr ein Werk über die Vielfalt der bayerischen Küche ausgewählt. Es soll Ihnen zeigen, daß diese viel mehr zu bieten hat als Weißwürste, Schweinshaxen und Knödel.

Nicht zu vergessen ist das berühmte bayerische Bier. Schon im Mittelalter wurde die Braukunst in den zahlreichen Klöstern gepflegt und gefördert, wie zum Beispiel in der Klosterbrauerei Weihenstephan, die zum Kundenkreis der Firma Henssler gehört.

Aber nicht nur die Braukunst wird in Weihenstephan großgeschrieben, auch die Forschung im Bereich Pflanzenbau und Bodenkulturen. Auch hier konnte die Firma Henssler, die über jahrzehntelange, weltweite Erfahrung im Bau von Gewächshäusern für Wissenschaft und Forschung verfügt, schon einen beträchtlichen Beitrag in bezug auf die Erweiterung der Forschungsanlagen leisten.

Nach dem Motto „Zink statt Rost" werden die Stahlteile dieser Gewächshäuser in den Henssler-Feuerverzinkereien verzinkt, wobei noch zu erwähnen wäre, daß die Firma Henssler seit 1985 durch die Verzinkerei Aschaffenburg auch im bayerischen Raum vertreten ist.

Nun bleibt uns nur noch, Ihnen gutes Gelingen und viel Freude beim Ausprobieren der Rezepte zu wünschen.

Ihre
HENSSLER GMBH & Co. KG

Henssler
DER NATUR EIN ZUHAUSE

Kulinarische Streifzüge durch Bayern

Bratwürstl auf bayerischem Kraut

Bereits um 1530 soll es in Coburg Bratwürste gegeben haben. Hundert Jahre später erließ Herzog Casimir eine Taxordnung, nach der die Bratwurst nur 4½ Pfennige kosten durfte und vier Stück ein Pfund wiegen mußten. Deftigen Bratwurstgeruch atmet man auch heute noch auf und um den Marktplatz. Das Geheimnis dieser Coburger Spezialität besteht in der Zusammensetzung des Fleisches, in der speziellen Würzung und dem Braten über dem offenen Feuer, das mit Kiefernzapfen unterhalten wird. Wichtig ist vor allem, daß die Bratwürste kräftig gewürzt sind.

*1 kg Weißkohl,
40 g Schweineschmalz,
1 Eßlöffel Zucker, 1 Zwiebel,
1 Apfel (ungeschält), je eine Prise
Salz und Pfeffer, ½ Liter Brühe,
2 Eßlöffel Essig, 8 Rostbratwürste,
Fett zum Braten*

Weißkohl waschen und den dicken Strunk herausschneiden. Den Kohl in feine Streifen schneiden. Schmalz im Topf auslassen, den Zucker darin leicht anbräunen, die gehackte Zwiebel, den in Scheiben geschnittenen Apfel zufügen und kurz dünsten. Den Weißkohl dazugeben, mit Salz und Pfeffer würzen und die Brühe über das Ganze gießen. Bei kleiner Hitze etwa 1 Stunde garen. Zum Schluß mit dem Essig säuerlich abschmecken.
Die Bratwürste entweder im heißen Fett in der Pfanne braten, bis sie knusprig braun sind, oder einölen und auf den Grill legen. Dazu schmeckt ein deftiges Bauernbrot und eine Maß Bier.

Brotküchlein

Die typische Küche einer Landschaft erwächst aus den natürlichen Gegebenheiten. Vor allem Klima und Boden, aber auch die Lage zu den Handelszentren spielen eine große Rolle. Bayern war da immer bevorzugt, weil nicht nur sein Klima milder ist, sondern es kann auch einen großen Reichtum an Wäldern, Wiesen, Seen und Flüssen aufweisen. Daher kennt die urbayerische Küche nur wenig Gemüse – es wurde nur an der Donau angebaut –, dafür aber deftige Fleischgerichte und kräftige Mehlspeisen.

6 Scheiben Brot, ½ Liter Wasser, 3 Eier, 40 g Fett, Zucker nach Belieben

Die Scheiben Brot kurz in Wasser eintauchen und anschließend in den geschlagenen Eiern wenden. In heißem Fett von jeder Seite etwa drei Minuten braten und nach Geschmack zukkern. Dazu wird ein Obstkompott gereicht.

Butterklößchen

Die Muskatnuß ist bei diesem Rezept unerläßlich, denn sie verleiht den Klößchen den ganz besonderen Geschmack. Sie kommt aus dem südasiatisch-polynesischen Raum und wurde vor rund 800 Jahren als wohlschmeckendes Gewürz in Mitteleuropa bekannt, als Händler aus Genua sie von ihren weiten Fahrten in den Osten mit nach Italien brachten.

125 g Butter, 5 Eier, 1 Prise Salz, 200 g Mehl, 1 kleines Bund Schnittlauch, ½ Muskatnuß

Die Butter mit den Eiern, dem Salz und dem Mehl in einer Schüssel gut verrühren. Den feingeschnittenen Schnittlauch und die geriebene halbe Muskatnuß unterrühren, dann das Ganze eine Stunde stehen lassen. Mit zwei Löffeln Klöße abstechen, die einige Minuten in siedendem Wasser gekocht werden müssen, am besten in einer kräftigen Fleischbrühe.

Dampfnudln mit Vanillesoße

Das Gewürz Vanille, das diesem Rezept seine besondere Note verleiht, ist nach der Entdekkung Amerikas durch die Spanier nach Europa gelangt. Die Azteken bauten in Mexiko Vanille an, lange bevor die Spanier kamen, und würzten damit ihre Schokolade.

Nudelteig: 30 g Hefe,
¼ Liter Milch, 50 g Zucker,
500 g Mehl, 2 Eier, 50 g Butter,
etwas Zitronenschale,
1 Prise Salz;
1 Liter Milch, 100 g Zucker,
150 g Butter.
Vanillesoße: ¾ Liter Milch,
1 Päckchen Vanillepuddingpulver,
180 g Zucker

Die Hefe in ⅛ Liter lauwarme, mit dem Zucker verrührte Milch geben. Mehl in eine warme Schüssel schütten und in die Mitte eine Vertiefung drücken. Die Hefemilch dort hineingießen und 20 Minuten gehen lassen. Dann die Eier, Butter, Zitronenschale, Prise Salz und die restliche lauwarme Milch dazugeben und so lange rühren, bis der Teig Blasen wirft. Noch einmal 20 Minuten gehen lassen.
Inzwischen in einem gut verschließbaren Topf einen Liter Milch mit dem Zucker und der Butter erwärmen, bis alles aufgelöst ist. Aus dem Nudelteig etwa eiergroße Stücke abstechen und nebeneinander in die Milch setzen. Der Deckel wird fest verschlossen und beschwert, damit möglichst wenig Dampf entweichen kann. Bei kleiner Hitze ca. 20 Minuten garen.
Vanillepuddingpulver mit 6 Eßlöffeln Milch verrühren, die restliche Milch mit Zucker zum Kochen bringen, das angerührte Puddingpulver hineinrühren und kurz aufkochen lassen.

Erdbeersahnekuchen

Zum ersten Mal wird die Erdbeere bei den antiken Dichtern Ovid und Vergil, im ersten Jahrhundert v. Chr. erwähnt. Kulturpflanze wurden die feinaromatischen Scheinfrüchte der Erdbeerstaude aber erst im 16. Jahrhundert. Im Gegensatz zu der früher üblichen Walderdbeere, die kleiner, aber aromatischer ist, wird heute meist die Ananaserdbeere gezüchtet.

Tortenboden: 40 g Butter, 60 g Zucker, 1 großes Ei, 60 g Mehl, 1 Tropfen Zitronensaft, 1 gute Messerspitze Backpulver, etwas Fett; Erdbeersahne: 1 kg Erdbeeren, 300 g Zucker, 1 Päckchen Vanillezucker, 14 Blatt weiße Gelatine, 3 Blatt rote Gelatine, ¼ Liter süße Sahne

Butter schaumig rühren, Zucker, ganzes Ei, Mehl, Zitronensaft und Backpulver dazugeben und zu einem festen Teig verrühren und kneten. Den Boden einer Springform mit Fett ausstreichen und den Teig darauf verteilen. Etwa 10 Minuten bei 200° C im Backofen backen. Erdbeeren im Mixer zerkleinern, durch ein Sieb streichen, Zucker und Vanillezucker hinzufügen und alles schaumig rühren. Die Gelatine in kaltem Wasser einweichen, ausdrücken und in fünf Eßlöffeln heißem Wasser auflösen. Nun in die Erdbeermasse einrühren und kaltstellen. Wenn die Masse zu stocken anfängt, die steifgeschlagene Sahne unterziehen und sofort auf den gebackenen Kuchenboden geben: Der erkaltete Boden wird auf eine Tortenplatte gesetzt, der Springformrand außen herumgestellt, mit Aluminiumfolie oder Pergamentpapier innen ausgekleidet und mit der Erdbeersahne gefüllt. In dieser Vorrichtung muß die Masse erstarren. Anschließend Springformrand und Folie vorsichtig vom Kuchen abziehen.

Essignudeln

Mehlspeisen haben in Bayern aus vielen Gründen eine große Rolle gespielt. Zunächst einmal mußte man früher aus der Not eine Tugend machen, denn Fleisch in Hülle und Fülle, wie wir es kennen, gab es damals noch nicht, oder es war den höherstehenden Schichten vorbehalten. Hinzu kam, daß man es nicht so gut konservieren konnte. Man mußte sich mit dem zufrieden geben, was aus dem Land um einen herum gewonnen werden konnte.

Die Essignudeln sind fast in Vergessenheit geraten. Noch bis vor 50 Jahren reichte man sie abends nach getaner Arbeit. Besonders bei der ländlichen Bevölkerung waren sie während der Erntezeit als Beigabe zu den Mahlzeiten beliebt.

250 g breite Nudeln, Salz, Wasser,
1/4 Liter Essig,
feingeschnittener Schnittlauch

Die Nudeln in kochendem Salzwasser weichkochen, abseihen, kalt überbrausen, bis sie wirklich ganz kalt sind. In eine Schüssel geben und so viel Essigwasser darübergießen, daß sie ganz bedeckt sind. Nochmals kaltstellen. Vor dem Essen den Essig abgießen, die Nudeln mit feingehacktem Schnittlauch bestreuen und servieren.

Dazu schmeckt hervorragend ein Wurstbrot.

Fasan mit grünem Wacholder

Nördlich des Kaukasus entdeckte der Grieche Jason nahe dem ins Schwarze Meer mündenden Fluß Phasis (daher Fasan) einen farbenprächtigen Vogel. Das war vor mehr als zweitausend Jahren. Er nahm einige der Vögel mit nach Griechenland, das Ausgangspunkt für die Verbreitung des Fasans in ganz Europa wurde. Das Kleid des Männchens ist wunderschön, mit großen Schmuckfedern und bunten Schwellkörpern an Kopf und Hals. Für den Feinschmecker ist es wichtig, daß der geschossene Fasan noch einige Tage in den Federn bleibt, damit sich sein unverwechselbarer Geschmack richtig entwickeln kann.

2 junge Fasane, 2 Brötchen,
2 Eier, 20 grüne Wacholderbeeren,
½ Bund Petersilie,
1 Apfel, Pfeffer, Salz,
1 Eßlöffel Cognac, 40 g Butter,
2 große Scheiben fetter Speck,
Fett zum Anbraten

Aus den Innereien der Fasane, den eingeweichten, gut ausgedrückten Brötchen, Eiern, Wacholderbeeren, zerhackter Petersilie, zerkleinertem Apfel, Pfeffer, Salz, Cognac und der Butter eine Farce (Füllung) bereiten, indem man alles sehr klein hackt und vermengt. Die Fasane von innen und außen mit Pfeffer und Salz einreiben, mit der Farce füllen, zunähen und mit dem Speck umwickeln. In einer Bratreine etwas Fett auslassen, die Fasane hineintun und im Rohr bei 220° C 25 Minuten braten, dann den Speck entfernen, die Vögel mit dem abgetropften Fett begießen und weitere zehn Minuten bräunen.

Fastnachtskrapfen

In der Fastnachtszeit trieb in den bayerischen Dörfern die Jugend recht viel Schabernack: Man machte sich das Gesicht mit Ruß oder Mehl unkenntlich, hüllte sich in lange weiße Tücher, band sich den Schellenkranz der Pferde um und zierte das Haupt mit einer Hahnenfeder. In diesem Aufzug zog man durchs Dorf und in die Wirtsstuben, wo mit den Gästen allerlei Späße gemacht wurden. Zur Belohnung gab es immer eine Maß Bier, dazu aß man die Krapfen.

150 g Butter, 6 Eigelb, 3 Eßlöffel Puderzucker, 1 Teelöffel Salz, 500 g Mehl, 3 Eßlöffel Hefe, ¼ Liter süßer Rahm, 2 Eier, 250 g Johannisbeermarmelade, Schmalz zum Ausbacken, Puderzucker und Zimt zum Bestreuen

Aus der Butter, den Eigelb, Puderzucker, Salz, Mehl, Hefe und dem süßen Rahm einen Teig rühren, der zugedeckt an einen warmen Ort zum Gehen gestellt wird; anschließend auf einem mit Mehl bestreuten Brett etwa 2 mm stark ausrollen und mit einem Trinkglas Blättchen ausstechen. Die zwei Eier aufschlagen und miteinander verrühren, die Teigblättchen damit dünn bestreichen. Auf ein Blättchen einen Teelöffel Marmelade geben, ein anderes Blättchen darauflegen und an den Seiten gut zudrücken. Anschließend im heißen Schmalz schön gelb ausbacken. Zum Schluß kann man die Krapfen noch mit einem Gemisch aus Puderzucker und Zimt bestreuen.

Fingernudeln

Die Fastenzeiten sind, wie oft fälschlich angenommen wird, keine Erfindung der katholischen Kirche, sondern gehen auf uralte heidnische Bräuche zurück. Erst seit dem 5. Jahrhundert hat man das Vierteljahresfasten zu einem kirchlichen Brauch gemacht. Zu den Frühjahrs-, Pfingst-, Herbst- und Adventsfasten kamen noch Buß- und Weihefasten, Fron- und Zinstermine. Insgesamt war ein Drittel des Jahres Fastenzeit.

Wen wundert es da, daß sich die Kochbücher des 18. und 19. Jahrhunderts ausgiebig mit Fastenspeisen beschäftigten. Trotz der strengen Verbote konnten aber Fastentage auch üppig gestaltet werden, denn die Fingernudeln sind nicht gerade ein kalorienarmes Gericht.

1 kg Kartoffeln, Salz,
150 – 200 g Mehl, 1 – 2 Eier,
50 g Fett

Kartoffeln kochen, schälen, heiß zu einem Brei zerstampfen, erkalten lassen. Erst Salz, dann Mehl und die Eier zugeben und daraus einen Teig herstellen. Eine große, lange Rolle formen, kleine Stücke abschneiden und zu fingerlangen und fingerdicken Stücken „nudeln". Fett in Reine oder Fettpfanne heiß werden lassen. Fingernudeln dazugeben und bei zirka 200° C eine Stunde im Rohr goldgelb backen. Dazu Krautspeisen, Salate oder auch Kompott servieren.

Gamskeule

(für 10 Personen)

Wo sonst in Deutschland sollte es die Gams so frisch geben wie in Bayern. Denn Gemsen kommen nur in den europäischen Hochgebirgen vor. Die in Rudeln lebenden Tiere sind hervorragende und flinke Kletterer. Gemsen können bis zu vier Meter hoch springen und bis zu sieben Meter breite Gräben überwinden. Nur die Jungtiere sind schmackhaft, dann allerdings gelten sie unter Feinschmeckern als seltene Delikatesse.

1 Gamskeule von ca. 4 kg,
5 Knoblauchzehen,
1 Flasche trockener Rotwein,
200 g fetter Speck, 40 g Butter,
2 Zwiebeln, 1 Bund Suppengrün,
Pfeffer (frisch gemahlen),
1 Teelöffel Rosmarin,
4 Wacholderbeeren, 1 Tasse Wasser,
Salz, ¼ Liter saure Sahne

Die Gamskeule mit Knoblauchzehen spicken, in eine Schüssel geben und mit Rotwein übergießen. Zwei Tage unter häufigem Wenden stehen lassen. Das Fleisch aus der Marinade nehmen, trocknen und mit dünnen Speckscheiben umwickeln. In einer Bratreine die Butter auslassen und die Keule von allen Seiten gut anbraten. Die in Würfel geschnittenen Zwiebeln und das zerkleinerte Suppengrün sowie reichlich frisch gemahlenen Pfeffer, Rosmarin und die zerdrückten Wacholderbeeren hinzufügen, mit Wasser und Rotweinmarinade aufgießen und zirka drei Stunden im Backofen bei 225° C braten. Die letzten 30 Minuten den Deckel zum Bräunen abnehmen. Die Keule nach dem Braten salzen und warmstellen. Die Soße durch ein Sieb drücken und mit der sauren Sahne einkochen. Abschmecken und mit Preiselbeeren und eingelegten Birnen servieren.

Gefüllter Brustbraten

Leider sind die gefüllten Braten ein wenig aus der Mode gekommen, weil in unserer schnelllebigen Zeit auch das Kochen möglichst wenig Zeit in Anspruch nehmen soll.

1½ kg Brustfleisch vom Schwein,
Salz.
Zur Fülle: ⅛ Liter Milch,
3 – 4 alte Semmeln (in Würfel geschnitten), 3 – 4 Eier,
Salz, 1 Prise Muskat, einige Tropfen Zitronensaft, 1 Eßlöffel feingehackte Zwiebeln, 1 Teelöffel feingehackte Petersilie, 15 g Fett.
Zum Braten: 40 – 50 g Fett,
¼ Liter kochendes Wasser,
1 Bund Suppengrün, 1 halbierte Zwiebel mit Schale,
3 – 4 Eßlöffel saurer Rahm.
¾ – 1 Liter kochendes Wasser,
2 gestrichene Eßlöffel Mehl

Vom Metzger die Brust ausbeinen, die Innenhaut ablösen und eine Tasche einschneiden lassen. Dann waschen, abtrocknen und innen und außen mit Salz einreiben. Die in etwas warmer Milch eingeweichten und ausgedrückten Semmeln mit Eiern, Gewürzen, Zwiebel, Petersilie und zerlassenem Fett mischen. Damit die Brust nicht zu prall füllen und mit festem Zwirn zunähen, in einer Fettpfanne mit kochendem Wasser übergießen und von allen Seiten gut anbraten, dann erst Suppengrün und Zwiebeln zugeben, mit kochendem Wasser aufgießen und bei 200° C 1½ – 2½ Stunden fertig braten. Dabei öfter begießen. Kurz vor Ende mit Sauerrahm bestreichen und anbräunen lassen. Eine Mehlschwitze anrühren und in die Soße geben. Kurz aufkochen lassen und dann abseihen.

Gwichste

Diese Knödel haben ihren Namen wohl daher, daß sie so glatt und glänzend sind wie ein frisch gewichster Schuh. Sie werden ohne viel Raffinesse zubereitet, und man sollte sie schon zu einem recht kräftigen Schweine- oder Gansbraten essen.

Früher schwammen die Gwichsten in einer großen Schüssel mit heißem Wasser mitten auf dem Tisch, und sie mußten mit der Gabel „angestochen" werden, doch das fiel so manchem Ungeübten schwer, denn sie sind hart und glasig.

500 g Roggenmehl, 1 gute Prise Salz, Wasser

Das Roggenmehl wird mit dem Salz und nur so viel lauwarmem Wasser verrührt, daß ein fester Knetteig entsteht. Von diesem Teig nun kleine Stücke abzupfen und unter der Hand rollen, so daß Knödel entstehen, die nicht größer als ein 5-Mark-Stück sein sollten. Daraufhin werden sie in kochendes Wasser gegeben und sind nach gut zehn Minuten fertig. Manchmal werden den Gwichsten noch Schwarzbrotwürfel beigegeben.

Hans Girgerl

Unter dem strengen Auge der Geistlichkeit wurde früher auf die Einhaltung der Fastenzeit und des fleischlosen Freitags geachtet. Zeitweise war es üblich, nicht einmal Produkte zu sich zu nehmen, die von gewissen Tierarten stammten. Dazu gehörten Eier und Butter. Erst seit 1480 durften Mehlspeisen, Gemüse und Brot mit tierischen Fetten verfeinert werden.

500 g Kartoffeln (roh),
500 g Kartoffeln (gekocht),
2 Eier, 1 Eßlöffel Mehl,
3 Eßlöffel Sahne, Salz, Fett
zum Ausbacken

Die rohen Kartoffeln reiben und die zerdrückten, gekochten Kartoffeln dazugeben. Eier, Mehl, Sahne und Salz unterrühren. Mit einem Löffel kleine Nockerl abstechen und in heißem Fett ausbacken. Zu diesem einfachen Gericht paßt gut ein frischer grüner Salat.

Hasenöhrl

Obwohl Bayern im Schnittpunkt vieler bedeutender Handelsstraßen lag und so frühzeitiger als anderswo in Deutschland fremde Gewürze in den Haushalt Einzug finden konnten, war es doch meist den reichen Leuten vorbehalten, ihre Speisen mit diesen teuren Extras anzureichern. Mit viel Phantasie und Liebe mußte in der Regel mit dem vorliebgenommen werden, was der Boden hergab. Daß dabei kulinarische Meisterwerke entstehen können, beweist dieses Rezept.

250 g Mehl, 8 Eigelb,
70 g Butter, 2 Eßlöffel Obstler,
3 Eßlöffel süße Sahne, 10 g Salz,
500 g Bratfett,
Puderzucker zum Bestäuben

Mehl, Eigelb, Butter, Obstler, Sahne und Salz auf einem großen Brett oder Tisch zu einem festen Teig kneten – so lange, bis er Blasen hat. Ruhen lassen. Auf einem mit Mehl bestäubten Brett dünn ausrollen, in Rauten schneiden. Die obere Spitze der Raute bis zur Mitte einritzen. Die Hasenöhrl nun in das heiße Bratfett geben und bei zirka 160° C fünf Minuten ausbacken. Herausnehmen und mit Puderzucker bestäuben. Dazu Apfelcreme servieren.

Hasenrücken mit Champignons

Kaiser Nero bezeichnete ihn als „Götterspeise", und dabei sieht er doch so unscheinbar aus – der Champignon. Heute kann ihn sich Gott sei Dank auch der einfache Mann leisten, und wenn man bedenkt, daß die jährliche Welternte um die 300 Millionen Kilogramm beträgt, weiß man, wie wichtig dieser ausgezeichnet schmeckende Speisepilz geworden ist.

100 g Fett, 1 gespickter Hasenrücken, 125 g Champignons, 1 kleine gehackte Zwiebel, ¼ Liter Bratensoße, 50 g Butter, gut 1 Eßlöffel süßer Rahm, ¼ Tasse Rotwein, 1 Schnapsglas Cognac, 4 Birnenhälften, 2 Eßlöffel Preiselbeeren

Das Fett in der Pfanne zerlassen und den Hasenrücken mit der gespickten Seite zuerst anbraten, dann von der anderen Seite. Rund 15 Minuten ständig mit einem Löffel das Fett über den Rücken gießen, damit er nicht austrocknet, dann herausnehmen und warmstellen.

Die Champignons mit der kleingehackten Zwiebel in ein wenig Butter dünsten und mit der Bratensoße in das Bratenfett geben. Alles aufkochen lassen, damit die Soße eindickt. Zum Schluß wird noch der süße Rahm hinzugegeben, mit dem Rotwein und Weinbrand abgekostet. Nochmals kurz aufwallen lassen.

Das Fleisch wird vom Rücken gelöst, in Stücke geschnitten und dann wieder auf den Rücken gesetzt, so daß man diesen in einem Stück anrichten kann. Die vom Kerngehäuse befreiten Birnen mit den Preiselbeeren füllen und zum Rücken legen.

Hechtenkraut

Durch schnelles Vorstoßen aus seinem Versteck erjagt der Hecht seine Beute. Er ist der größte Räuber der europäischen Seen und Flüsse. Bis zu 1,5 Meter kann sein schlanker Körper lang und bis zu 35 Kilogramm schwer werden. Der Feinschmecker schätzt den graugrünen Fisch besonders, wenn er noch sehr jung ist und um die zwei Kilogramm wiegt, denn dann ist sein Fleisch zart und von unverwechselbarem Geschmack.

*40 g Schweineschmalz,
500 g Sauerkraut, ¼ Liter
Fleischbrühe, 1 Lorbeerblatt,
3 Wacholderbeeren, Salz, Pfeffer,
30 g Butter, 2 Zwiebeln,
800 g Hecht, ¼ Liter Weißwein,
¼ Liter süße Sahne,
1 Eßlöffel Crème fraîche,
2 Eigelb, 1 Prise Muskat*

Schmalz auslassen, Sauerkraut dazugeben und leicht anschmoren. Mit der Brühe aufgießen und mit Lorbeerblatt und Wacholderbeeren, Salz und Pfeffer würzen. Etwa 20 Minuten köcheln lassen. Währenddessen in einem anderen Topf Butter zerlassen, die kleingeschnittenen Zwiebeln andünsten, den Hecht in Scheiben daraufsetzen, salzen und den Wein zugießen. Bei kleiner Hitze etwa 10 Minuten garen. Das vorgekochte Sauerkraut in eine feuerfeste Auflaufform schichten, die Hechtstücke mit den Zwiebeln obenauf legen. Den Sud einkochen und mit der Sahne, Crème fraîche und den Eigelb zu einer dicken Soße rühren. Mit Salz, Pfeffer und Muskat abschmecken. Über Sauerkraut und Hecht gießen und im Backofen goldbraun überbacken.

Hirgstsuppe

Der Hirgstmilchkübel gehörte einst zum festen Bestandteil des bäuerlichen Haushaltes. Vor allem war er bei den ärmeren Leuten zu finden. Um eine Hirgstsuppe zuzubereiten, ist zunächst einmal die „Herbstmilch“ notwendig.

Das ist saure Milch, die in einem Topf bis zur Vergärung aufbewahrt wird, wobei von Zeit zu Zeit die oberste Gärschicht abgeschöpft, frische Milch süß oder sauer zugesetzt und aufgerührt wird. Man sollte frische, nicht von der Molkerei verarbeitete Milch dazu verwenden. Einige frische Weinbeeren oder auch Wacholderbeeren, die den ganzen Winter über in der Herbstmilch belassen werden können, verbessern den Geschmack und fördern die Gärung.

1 Liter Wasser, ¼ Liter Herbstmilch,
1 gehäufter Eßlöffel Mehl,
1 Prise Salz, 8 Eßlöffel saure Sahne

Das Wasser zum Kochen bringen, die Herbstmilch mit dem Mehl verrühren und in das kochende Wasser geben. Ein wenig Salz dazu und noch einmal aufkochen lassen. Mit der sauren Sahne den Geschmack verfeinern, dann ist die Suppe fertig.

Hollersekt

(ca. 12 Flaschen)

Aus den fünfzähligen Blüten, die in Doldentrauben oder Rispen gelblichweiß am Holunderstrauch leuchten, stark duften und aus denen später die violettschwarzen Holunderbeeren entstehen, läßt sich ein ausgezeichnet mundendes Getränk herstellen. Daß Geduld eine Tugend ist, wird jeder feststellen, der einmal vom Hollersekt getrunken hat – denn es dauert gut 14 Tage, bis die ausgetrunkenen Vorräte wieder ersetzt werden können.

10 Liter Wasser,
12 Holunderdolden, voll erblüht,
1250 g Zucker, 1 Glas Weinessig,
3 – 5 Zitronen

Die zehn Liter Wasser abkochen und abgekühlt in einen sauberen Steintopf, nicht angeschlagenen Emailletopf oder einen 15-Liter-Glasballon geben. Die Holunderdolden werden gründlich gewaschen und mit dem Zucker, Weinessig und dem gepreßten Saft der Zitronen dem Wasser zugefügt. Diese Mischung wird täglich mit einem sauberen Holzlöffel umgerührt oder der Ballon geschüttelt. 14 Tage zugedeckt stehen lassen. Dann alles durch ein Seihtuch geben, in saubere Flaschen füllen (Hals freilassen!), den Korken nur bis zur Hälfte eindrükken. Später die Korken nachdrücken. Kühl aufbewahren.

Gebackener Isarhuchen

Der Huchen ist ein bis zu eineinhalb Meter langer räuberischer Lachsfisch, der nur in der Donau und ihren Nebenflüssen vorkommt. Er hat einen grauen Rücken, seine rötlichen Seiten weisen schwarze Flecken auf, und sein Bauch ist weiß. Bis zu 30 Kilogramm schwer kann der auch Donaulachs genannte, vorzüglich schmeckende Speisefisch werden. In Flüssen mit starker Strömung findet man ihn an tiefen, geschützten Plätzen, dort wartet er auf Beute. Selbst für passionierte Angler nicht einfach zu fangen!

Isarhuchen in einer Größe für 4 Personen, Salz, 1 Zitrone, 50 g Mehl, Fett zum Backen

Den Huchen in vier Filetstücke zerteilen, leicht salzen und mit Zitronensaft säuern. In Mehl wenden und in heißem Fett von beiden Seiten goldbraun backen. Mit Salzkartoffeln, frischen Salaten und einem herben Weißwein servieren.

Hausgemachte Kalbsbrieswurst

Bis zum Alter von drei Monaten heißt das noch nicht geschlechtsreife Jungtier vom Rind Kalb. Das Rind ist das älteste Milch- und Arbeitstier des Menschen. Ausgrabungen und Höhlenzeichnungen haben dies eindrucksvoll bewiesen. Bereits um 6500 v. Chr. haben die Menschen versucht, Rinder zu domestizieren. Das Rind galt besonders in der Antike als Symbol für Kraft und Fruchtbarkeit.

Je 250 g Kalbsleber, -bries, -herz und -milz, 500 g gewürztes Kalbsbrät (vom Metzger), 1 Kalbsnetz (Zwerchfell, vom Metzger), 3 Liter Wasser, Salz, 1 Zwiebel, 2 Lorbeerblätter, 6 Nelken

Die Kalbsinnereien in fingerdicke Streifen schneiden und mit dem gewürzten Kalbsbrät vermischen. Die Masse in das Kalbsnetz länglich einrollen, zusätzlich mit einer Stoffserviette umwickeln und mit einer Schnur zusammengebunden in das leicht gesalzene Wasser legen. Die Zwiebel halbieren, an den Schnittflächen mit je einem Lorbeerblatt belegen und mit den Nelken spicken. In das Wasser geben. Alles zusammen aufkochen und zwei bis drei Stunden köcheln lassen. Nach dem Erkalten wird die Wurst in dicke Scheiben geschnitten und mit einem kräftigen Brot serviert.

Pfeffer

Kalbshaxn

Schon immmer stand der Fleischgang im Mittelpunkt jedes Essens. Das war sicherlich früher – als es noch nicht so Allgemeingut war, Fleisch zu verzehren – von noch größerer Bedeutung als heute. Vor allem das bayerische „Staatsessen", die Kalbshaxn, konnte und kann es mit jedem noch so feinen französischen Braten aufnehmen. In jeder richtigen bayerischen Wirtschaft steht sie noch heute ganz oben auf der Speisekarte.

1 Kalbshaxe, Salz, Pfeffer,
50 g Butter, 1 Zwiebel,
1 Karotte, ¼ Liter heißes Wasser

Die Kalbshaxe waschen, enthäuten und mit Salz und Pfeffer einreiben. In einer Bratreine die Butter auslassen, die halbierte Zwiebel und die in Scheiben geschnittene Karotte dazugeben und etwas heißes Wasser angießen. Haxe hineinlegen und bei 250° C etwa 2 bis 2½ Stunden im Backofen braten. Das Fleisch häufiger wenden, nach und nach mit dem restlichen Wasser und dem Bratensaft begießen. Die letzten 10 Minuten zum Bräunen auf den Rost legen. Den Bratensaft durch ein Sieb geben und abschmecken. Traditionell werden Semmelknödel zur Kalbshaxe gereicht.

Kalbsnierenbraten

(für 8 Personen)

Als deliziös gilt unter Feinschmeckern der eigenwillige Geschmack des Nierenfleisches. Die Nieren sollten aber nur von jungen Tieren stammen. Wenn sie allen Ansprüchen gerecht werden, müssen sie schlachtfrisch sein.

1½ kg Kalbsnierenstück (mit Niere), etwas Zitronensaft, Salz, Pfeffer, 60 g Fett, 2 Zwiebeln, 1 Bund Suppengrün, 1 Brotrinde, ½ Liter heißes Wasser, 1 Eßlöffel Mehl, 4 Eßlöffel saure Sahne

Das Fleisch waschen, den Knochen auslösen (für die Soße verwenden), die Kalbsniere halbieren, von allen Häuten befreien und die Schnittseiten mit Zitronensaft einreiben. Das Fleisch salzen und pfeffern, die Nierenhälften hineinlegen, fest aufrollen und mit einem Faden zusammenbinden. In der Bratreine das Fett auslassen und das Fleisch von allen Seiten anbraten. Die Zwiebeln vierteln, das Suppengrün würfeln, den ausgelösten Knochen teilen und alles zusammen mit der Brotrinde in die Reine geben, kurz anschmoren und mit dem heißen Wasser aufgießen. Bei 200° C im vorgewärmten Backofen etwa 2 Stunden unter häufigem Begießen mit Bratensaft garen. Während des Bratens öfter wenden, damit alle Seiten gut gebräunt sind. Die Soße durch ein Sieb streichen, mit dem Mehl binden, saure Sahne hinzufügen und abschmecken.

Mit Kartoffelbrei und jungen Gemüsen servieren.

Kalbsvögerl

„Die Baierische Kochkunst gehört unstreitig unter die vorzüglichsten Teutschlands; dieß ist das einstimmige Urtheil aller Fremden", heißt es im Baierischen National-Kochbuch von 1824. Nun – an Selbstbewußtsein hat es den Bayern noch nie gefehlt, und ihre bodenständige Küche kann sich wirklich sehen lassen. Der Gemüseanbau war und ist – von Franken abgesehen – nicht die Stärke der Bayern, um so mehr spielt die Milchwirtschaft eine große Rolle. Daraus haben sich eine Reihe hervorragender Kalbfleischrezepte entwickelt, wie beispielsweise die Kalbsvögerl.

1 Zwiebel, 1 Knoblauchzehe,
100 g Räucherspeck,
4 Kalbsschnitzel vom Schlegel,
Salz, Pfeffer, Thymian,
1 Eßlöffel Mehl, ⅛ l saurer Rahm,
¼ l Weißwein, Petersilie

Zwiebel, Knoblauchzehe und Speck fein wiegen und in einer Kasserolle hellgelb andünsten. Die Schnitzel klopfen, salzen, pfeffern und mit Thymian bestreuen. Die Zwiebel-Speck-Masse daraufstreichen, Schnitzel einrollen und mit einem Bindfaden zusammenbinden. In der Kasserolle rundum anbraten, Mehl überstäuben und mit dem im Sauerrahm verrührten Weißwein ablöschen. Unter Rühren kurz aufkochen lassen und mit feingehackter Petersilie bestreuen. Zu den Kalbsvögerln, die früher gewickeltes Kalbfleisch hießen, reicht man G'röste (Bratkartoffeln), feine Gemüse oder Salat.

Karpfen blau

Die Heimat des Karpfens ist Asien. Bei uns wird er in besonderen Teichen wie ein Haustier gezüchtet und gemästet. Auch in den vielen Seen Oberbayerns wird er gefangen. Mit seiner gezielten Aufzucht haben in Deutschland aber nicht die Bayern begonnen, sondern 1339 der Deutsche Orden bei Marienburg in Ostpreußen. Der Karpfen frißt alles, was ihm vor das Maul kommt. Es ist daher für seinen Geschmack sehr wichtig, mit was er gefüttert wurde oder was er in den Teichen als Nahrung vorgefunden hat.

¾ kg Karpfen, ¼ Liter Essig,
3 Liter Salzwasser,
1 Zitronenscheibe,
1 – 2 Salbeiblätter,
2 Pfefferkörner, 1 Nelke,
1 – 2 Lorbeerblätter

Den Fisch unter fließendem Wasser ausnehmen, damit der Schleim erhalten bleibt. Am besten läßt man dies fachmännisch beim Fischhändler besorgen. Nicht schuppen! In eine flache Schüssel legen, mit kaltem Essig begießen und etwa eine halbe Stunde lang stehen lassen. In einen großen Topf das Salzwasser geben. Die Zitronenscheibe, den Salbei, die Pfefferkörner, die Nelke und die Lorbeerblätter hinzugeben. Das Ganze erwärmen. In den lauwarmen Sud den Karpfen geben (der Fisch muß ganz bedeckt sein). Dann zum Kochen bringen. Im offenen Topf 10 – 20 Minuten garziehen lassen (die Garzeit ist abhängig von der Größe des Fisches). Auf heißer Platte anrichten, mit Zitronenscheiben und Petersilie garnieren.
Dazu Salzkartoffeln, zerlassene Butter und grünen Salat reichen.

Kartoffelmaultaschen

Eigentlich sind die Maultaschen ja eine schwäbische Spezialität, die irgendwann einmal aus Italien ins Schwabenland geraten sein soll, was aber niemand ganz genau weiß. Dort sind sie dann auf eine ganz spezifische Weise verfeinert und zum kulinarischen Hochgenuß gemacht worden. Die Bayern wollten, wie so oft, den Schwaben nicht nachstehen und haben die heimische Kartoffel zur Basis ihrer Maultaschen gemacht.

1 kg gekochte Kartoffeln,
150 – 200 g Mehl, Salz, 2 – 3 Eier,
50 g Butter, 1/8 Liter Sauerrahm.
Für die Fülle: Je 1/4 kg Äpfel,
Zwetschgen, Sauerkirschen,
40 – 50 g Zucker,
eventuell etwas heiße Milch

Gekochte Kartoffeln durch eine Presse auf ein großes Brett drücken. Erkalten lassen, mit Mehl und Salz bestreuen und die Eier dazugeben. Den geschmeidigen Kartoffelteig zu einer Rolle formen und dicke Scheiben abschneiden. Diese werden zu handtellergroßen Flecken ausgewellt. Mit etwas zerlassenem Fett und Rahm betupfen. Dann gibt man die Fülle darauf.

Dazu mischt man feingeschnitzelte Äpfel mit entsteinten Zwetschgen und Kirschen (oder man nimmt nur Äpfel, nur Zwetschgen oder nur Kirschen), streut den Zucker darüber und vermengt alles gut.

Die Maultaschen werden dann in die gut gefettete Reine oder Fettpfanne gegeben, oben gut mit Butter bepinselt und bei 180 – 200° C zirka 45 Minuten gebacken. Sie müssen goldbraun sein. Kurz vor beendeter Garzeit kann man die Maultaschen noch mit etwas heißer Milch übergießen.

Kartoffelschmarrn oder Erdäpfelzwirl

Es dauerte eine ganze Zeit, bis die aus Südamerika zu uns gelangte Kartoffel als Volksnahrungsmittel anerkannt wurde. Zuerst hielt man sie für giftig, dann dichtete man ihr an, ihr Verzehr mache dumm und krank. Schließlich kam noch der Aberglaube hinzu: Danach schützte eine in der Rocktasche getragene Kartoffel vor Rheumatismus, und eine Kartoffelknolle, die man auf der Seite, wo die Schmerzen waren, trug, sollte sogar hartnäckige Zahnschmerzen vertreiben.

1 kg Kartoffeln, Salz,
150 – 200 g Mehl, 2 Eier,
100 g Fett (Schweineschmalz),
1 feingehackte Zwiebel

Gekochte Salzkartoffeln heiß durch den Kartoffeldrücker pressen. Erkalten lassen, salzen, mit Mehl bestreuen, die Eier zugeben. Locker durchmischen.
In einer Pfanne reichlich Fett (Schweineschmalz) mit einer gehackten Zwiebel andünsten und dann die Kartoffelmasse hineingeben. Wenn sie angebraten ist, mit einem Scherrer (Backschaufel) zerkleinern. Der Schmarrn darf nicht trocken sein und braucht deshalb reichlich Fett. Er muß am Ende schön bröselig und goldgelb sein. Die Backzeit beträgt bei 180–200°C rund eine Stunde.
Als Beilage eignen sich gekochtes Sauerkraut, grüne Salate – aber auch süße Kompotte. Ein Schmankerl!

Speise-
Einfüllgewicht
2½ kg

Käsekuchen mit Baiser

Der Name Baiser kommt aus dem Französischen. Dort bedeutet er nicht mehr und nicht weniger als „Kuß". Und so wie ein zarter Kuß schmeckt dieses Gebäck aus steifgeschlagenem Eischnee und Zucker auch. Normalerweise spritzt man eine eiförmige Masse auf ein Blech und backt sie bei schwacher Hitze. Nicht so bei diesem Rezept. Hier wird die Baisermasse auf den gebackenen Kuchen gestrichen – oder besser gesagt: seine Oberfläche wird damit geküßt.

Mürbeteigboden: 100 g Butter, 50 g Zucker, 150 g Mehl, 1 Eigelb, 1 Prise Backpulver, Fett zum Ausstreichen der Backform.
Käsebelag: 50 g Butter, 50 g Zucker, 1 Päckchen Vanillezucker, 3 Eigelb, 500 g Quark, 1 Päckchen Vanillesoßenpulver.
Baisermasse: 3 Eiweiß, 1 Päckchen Vanillezucker, 90 g Puderzucker

Die Butter schaumig rühren und mit dem Zukker vermengen. Mehl, Eigelb und Backpulver zugeben und zu einem Teig kneten. Auf eine gefettete Springform geben und 15 – 20 Minuten bei 200° C im Backofen backen, in der Form belassen.
Für den Käsebelag die Butter mit dem Zucker schaumig rühren, Vanillezucker, Eigelb, Quark und Vanillesoßenpulver dazutun und alles verrühren. Die Quarkmasse in die Springform auf den gebackenen Boden geben, glattstreichen und bei 180 – 200° C etwa 30 – 40 Minuten im Backofen überbacken.
Das Eiweiß steifschlagen, Vanillezucker und Puderzucker einschlagen, bis der Zucker aufgelöst ist. Die Baisermasse auf dem gebackenen Käsekuchen verteilen und noch einmal bei 220° C etwa 10 Minuten goldgelb backen.

Kirchweihganserl

Die Einweihung neuer Kirchen ist seit Konstantin dem Großen mit einem Fest verbunden. 779 weihte der heilige Willibald die erste Kirche in Heidenheim in Bayern ein. Während bis vor rund 100 Jahren noch jede Gemeinde ihren „Spezialkirta" hatte – woanders sagt man Kirmes oder Kerwe –, wird seither im allgemeinen Kirchweih am dritten Sonntag im Oktober begangen. Ein guter Anlaß, eine Gans zu braten.

1 Gans, Salz, Pfeffer, ¼ Liter warmes Wasser, 2 Zwiebeln, etwas Bier zum Bestreichen

Die Gans waschen, trockentupfen und außen mit Salz, innen mit Salz und Pfeffer einreiben. In eine große Bratreine legen, das warme Wasser eingießen und die geschälten Zwiebeln halbiert dazulegen. Die Gans ungefähr 2 bis 3 Stunden unter häufigem Wenden und Begießen mit dem abtropfenden Fett bei 200° C im Backofen braten. Eine halbe Stunde vor Ende der Backzeit die Soße entfetten, die Gans mit Bier bepinseln, damit die Haut schön rösch (knusprig) wird. Soße abschmecken und mit der zerteilten Gans zu Kartoffelknödeln servieren.

Krenfleisch mit Wurzeln und Stampfkartoffeln

In Bayern ist der Kren genannte Meerrettich genauso populär wie die saure Gurke in Berlin. Um das Jahr 1000 wurde der Meerrettich – aus Osteuropa kommend – das erste Mal in mitteleuropäischen Klostergärten angebaut. Die heilige Hildegard von Bingen (1098–1179) beschrieb den „meeredich“ in ihren Schriften. Früher verwendete man ihn gegen Fieber.

1 kg Schweinehals (ausgelöst), Salz, 2 mittlere Zwiebeln, 1 Stange Lauch, 2 Karotten, 1 kleinere Sellerie, 1 Lorbeerblatt, 3 – 4 Pfefferkörner, 3 – 4 Wacholderbeeren, 2 Nelken, etwas Essig, 200 g frisch geriebener Meerrettich, frisch gehackte Petersilie, 1 kg Kartoffeln, Salz, Pfeffer, etwas Muskat, 100 g Butter, ½ Liter Milch

Schweinehals in kaltem Wasser aufsetzen, kochen lassen, abschäumen. Mit Salz abschmekken. Die Zwiebeln und das Gemüse in Streifen schneiden und mit den Gewürzen in den Topf geben. Leicht mit Essig säuern und das Ganze zirka 1½ Stunden köcheln lassen. Das Fleisch in Scheiben schneiden und in einer tiefen Platte anrichten. Das Gemüse mit einem Sieb aus der Brühe fischen und zusammen mit dem frisch geriebenen Meerrettich über das Fleisch geben. Etwas Brühe darübergießen und zum Schluß mit frisch gehackter Petersilie bestreuen.
Die Kartoffeln schälen, kochen, das Wasser abgießen, je nach Geschmack salzen, pfeffern und etwas Muskat zugeben. Dann mit frischer Butter und Milch zu einem Brei zerstampfen.

Kronfleisch

Für viele Bayern ist das Kronfleisch so eine Art zweites Frühstück. Man könnte es auch ein „Schmankerl" nennen, worunter die Bayern das verstehen, was sie zwischendurch zu sich nehmen. Ein Schmankerl ist zum Sattwerden zu wenig. Und danach muß der Hunger gerade so weit gestillt sein, daß man sich schon auf das nächste Schmankerl freut.

800 g Rinderkronfleisch (Zwerchfell), 2 Karotten, 1 Sellerie, Selleriekraut, 2 Lauchstangen, Petersilie, 1½ Liter Fleischbrühe, Salz, weißer Pfeffer (frisch gemahlen), Schnittlauch, frischer Meerrettich

Das Kronfleisch gut waschen und von den dikken und feinen Häuten befreien. Das Suppengemüse kleinschneiden und mit der Petersilie in der Fleischbrühe aufkochen, das Fleisch in die Brühe geben und bei kleiner Hitze etwa 20 Minuten ziehen lassen. Das Fleisch muß in der Mitte noch rosa sein. In Scheiben geschnitten auf einem Holzteller anrichten, leicht salzen und pfeffern, mit gehacktem Schnittlauch bestreuen, frisch geriebenen Meerrettich und kräftiges Bauernbrot dazu reichen.

Leberkäs

Vielleicht das beliebteste bayerische Brotzeitschmankerl ist der Leberkäs. Dabei hat er weder etwas mit Leber noch mit Käse zu tun, denn er besteht gemeinhin aus 80 Prozent Rind- und 20 Prozent Schweinefleisch. Mindestens zweimal am Tag bereiten ihn viele bayerische Metzger zur obligatorischen Brotzeit am Vormittag und gegen vier Uhr am Nachmittag zu – denn Kenner wissen, frisch und noch warm ist er am besten. Liebhaber meinen, das „Scherzl" (das sind die knusprigen Endstücke) sei der Höhepunkt der Gaumenfreuden.

800 g Rindfleisch,
200 g Schweinefleisch, 250 g Speck,
Salz, 4 g Muskatblüte, 8 g Pfeffer,
¼–½ Liter lauwarmes Wasser,
30 g Butter, 1 Zwiebel

Rind- und Schweinefleisch getrennt ganz fein durch den Wolf drehen, den Speck mit der groben Scheibe zerkleinern. Das durchgedrehte Rindfleisch wird auf einem Brett mit den Handflächen zu einem feinen Fleischteig gedrückt. Danach wird der Teig mit dem Speck, Schweinefleisch und den Gewürzen gut vermengt. Man gibt beim Durchkneten so viel lauwarmes Wasser hinzu, daß die Fleischmasse geschmeidig bleibt, aber nicht zu dünn wird. Eine Bratreine mit Butter ausstreichen, die gehackte Zwiebel hineingeben, mit dem Fleischteig ausfüllen und mit Wasser bepinseln. Im Rohr wird der Leberkäs ungefähr eine Stunde bei 180° C gebraten.

Eingebackener Leberkäs

Am Leberkäs scheiden sich in Bayern die Geister. Während er nördlich der Donau seinem Namen zumindest die halbe Ehre bereitet – hier ist wirklich Leber drin –, schwören die Metzger und Liebhaber in München und Altbayern auf ihren leberfreien Käse. Angeblich habe sich der Name von „Laibkäse" (Käselaib) abgeleitet. Die ganz Schlauen kontern die Angriffe der Verbraucherorganisationen auf echt bayerische Art: In der Bierwurst ist ja auch kein Bier, und wer da behaupte, in der Wollwurst sei Wolle, na der . . . !

175 g Mehl, 1 Prise Salz,
2 Eier, ¼ Liter Milch,
4 Leberkässcheiben, 30 g Fett

Aus Mehl, Salz, Eiern und Milch einen flüssigen Pfannkuchenteig rühren. Die Leberkässcheiben leicht einmehlen und in den Teig tunken, Fett in der Pfanne auslassen und die Scheiben von jeder Seite etwa vier Minuten braten. Mit Endiviensalat servieren.

BAYERN
Sonderseite
Nr. 252/44 — Donnerstag, 30. Oktober 1980

Leberknödelsuppe

Eine tellerheiße Suppe tut dem Magen gut und mobilisiert die Magensäfte für die folgenden Gänge. Vor allem in Niederbayern schätzt man die klaren Suppenbrühen mit den verschiedenen Einlagen wie Nockerl, Klößerl, Würstel, Spätzerl. Kein Wunder, daß die Leberknödelsuppe dort zu den beliebtesten Speisen gehört. Früher ist „Leberknödelsuppe mit Würstel" bei großen Hochzeiten gereicht worden. Sie schmeckt vortrefflich, und zwei Teller davon ersetzen sogar eine vollständige Mahlzeit.

4 alte Semmeln oder 180–200 g altbackenes Weißbrot, etwas Salz, knapp ¼ Liter lauwarme Milch, 1 Teelöffel feingehackte Zwiebel, 1 Teelöffel feingehackte Petersilie, 20 g Butter oder Fett, einige Tropfen Zitronensaft, 1 Messerspitze Majoran, 150 g Rindsleber (geschabt), 2 Eier, 1½ Liter Fleischbrühe, Schnittlauch

Semmeln oder Weißbrot in feine dünne Scheiben schneiden, leicht salzen, mit der lauwarmen Milch übergießen, zudecken und kurze Zeit einweichen.

Zwiebel und Petersilie in heißem Fett andünsten und zu den eingeweichten Semmeln geben. Zitronensaft, Majoran, die feingeschabte Leber und die Eier untermischen, abschmekken und zwei oder drei kleine Probeknödel in die vorbereitete kochende Fleischbrühe einlegen. Sollte der Teig etwas zu weich sein, dann etwas Semmelbrösel, Mehl oder Gries dazugeben. Sind die Probeknödel für richtig befunden, mit nassen Händen vier große Knödel formen und in die kochende Brühe einlegen. Auf kleiner Flamme etwa 20 Minuten ziehen lassen. Der feingeschnittene Schnittlauch wird erst beim Anrichten auf die Suppe gegeben.

Mehldotsch

Dank seines enormen Gehalts an Nährstoffen gehört das Getreide zu den Grundpfeilern menschlicher Ernährung. Die wichtigsten bei uns bekannten und angebauten Getreidearten sind Weizen, Roggen, Hafer und Gerste. Aus den Mehlkörpern der einzelnen Getreidesorten wird das Mehl gemahlen. Dabei wird Weizenmehl vorwiegend in der Küche zum Backen und Zubereiten der Mehlspeisen verwendet, während unser hervorragendes Brot vielfach aus Roggen gebacken wird. Gutes Mehl soll locker, griffig und elfenbeinfarbig sein. Es ist dunkel, kühl und vor allem trocken aufzubewahren.

600 g Mehl, 1 Prise Salz, 1 Eßlöffel Zucker, 2 Eier, ⅛ Liter Milch, 750 g Obst nach Belieben: Äpfel, Zwetschgen, Kirschen, 40 g Butterschmalz

Mehl, Salz und Zucker vermengen, die mit der Milch verrührten Eier hinzugeben. Zu einem zähflüssigen Teig verarbeiten. In einer Bratreine das Fett zergehen lassen, den Teig hineingeben und glattstreichen.

Äpfel schälen, Kerngehäuse entfernen, in Achtel schneiden und auf den Teig legen. Zur Verfeinerung können auch Rosinen und Zimt zugegeben werden. Man kann auch entsteinte Zwetschgen oder Kirschen als Belag verwenden.

Der Mehldotsch wird 45 Minuten bei 200–220° C im Rohr gebacken.

Feiner Nußkuchen

Haselnüsse waren bereits in der Steinzeit ein beliebtes Nahrungsmittel. Bei den Pfahlbauern der jüngeren Stein- und Bronzezeit sind Reste ihrer zerbrochenen Schalen gefunden worden. Unsere Haselnußsträucher gehen allerdings auf eine türkische Art zurück, die im 16. Jahrhundert durch Valerius Cordus von Kleinasien mitgebracht wurde und seither in Mitteleuropa vorherrscht.

*175 g Butter, 200 g Mehl,
2 Eßlöffel Zucker, 2 Eßlöffel kaltes Wasser, 2 Eigelb, Fett zum Ausstreichen der Backform.
Für die Füllung: 175 g Zucker,
½ Päckchen Vanillezucker,
3 Eier, 3 Eigelb, 4 Eßlöffel Mehl,
1 Messerspitze Backpulver,
175 g Haselnüsse (gemahlen)*

Die Butter mit dem Mehl zerbröseln, Zucker, Wasser und Eigelb dazugeben und zu einem Mürbeteig verkneten. Den Teig etwas kaltstellen, in zwei Hälften teilen und jeweils mit einer Küchenrolle kreisrund auswellen. Einen Teigboden davon gibt man in die ausgefettete Springform und drückt einen zwei Zentimeter hohen Rand.

Inzwischen wird der Zucker mit dem Vanillezucker, den ganzen Eiern und dem Eigelb schaumig geschlagen, das Mehl mit dem Backpulver untergemischt und die gemahlenen Haselnüsse daruntergehoben. Diese Masse auf den Mürbeteigboden geben und mit dem zweiten Teigblatt bedecken. Bei 180° C gut 1 bis 1¼ Stunden im Backofen backen. Nach dem Auskühlen den Kuchen stürzen und mit Puderzucker bestreuen.

Nuß-Schlagrahm-Torte

In unseren Breiten wachsen die Früchte des Haselstrauches noch wild an Feldwegen und in Gärten. Doch das Gros dieses wohlschmeckenden Schalenobstes kommt inzwischen aus den Mittelmeerländern auf unsere Märkte.

6 Eier, 5 Eßlöffel heißes Wasser, 300 g Zucker, ½ Päckchen Vanillezucker, 220 g Mehl, ½ Teelöffel Backpulver, 125 g geriebene Haselnüsse, 20 g Butter, Semmelbrösel von ½ Semmel, 1 Liter süße Sahne, Ananasscheiben nach Geschmack, 20 ganze Haselnüsse zum Garnieren

Die Eier schaumig schlagen. Dann heißes Wasser löffelweise zugeben; weiterschlagen, bis die Masse „schlängelt". Zucker und Vanillezucker langsam unterrühren, vorsichtig weiterschlagen, bis eine steife Eiercreme daraus geworden ist. Mehl und Backpulver portionsweise hineinsieben und am Schluß die geriebenen Haselnüsse vorsichtig unterheben.

Eine Tortenform (Durchmesser 26 cm) mit Butter ausfetten, kaltstellen. Mit Semmelbröseln bestreuen und die Nuß-Biskuitmasse einfüllen. Die Torte bei schwacher Mittelhitze (etwa 180° C) langsam rund 45 Minuten backen.

Am nächsten Tag die Torte zweimal quer durchschneiden, auf eine Tortenplatte setzen und auf jede Schicht etwa ein Drittel der inzwischen geschlagenen Sahne geben. Nun die gefüllten Böden aufeinandersetzen und diese jeweils leicht andrücken. Die Torte für ein bis zwei Stunden in den Kühlschrank stellen. Herausnehmen und mit dem Rest der Schlagsahne zustreichen und mit Haselnüssen garnieren.

Obatzda

Vor etwa 200 Jahren entdeckte die normannische Bäuerin Marie Harel einen Weichkäse, der heute in der ganzen Welt nachgeahmt wird – den Camembert. Diese an sich gute französische Erfindung haben die Bayern noch etwas verfeinert, indem sie ihm einen Doppelrahm-Frischkäse zusetzen. Da das Ganze mit Gewürzen und anderen Zutaten angereichert wird, nennen die Bayern das „Obatzda", was soviel wie „angepatzter" oder angemachter Käse bedeutet.

*500 g reifer Camembert,
250 g Doppelrahm-Frischkäse,
80 g Butter, Salz, Pfeffer, Kümmel,
Paprika, 2 mittlere feingehackte
Zwiebeln, 4 Eßlöffel Bier*

Camembert und Frischkäse mit einer Gabel fein zerdrücken und miteinander vermischen. Die Butter und die anderen Zutaten hinzugeben. Zu einer Masse verarbeiten. Zum Schluß das Bier über den Klumpen gießen und nochmals kräftig vermischen. Dazu Radieserl, Semmeln, Laugenbrezeln reichen. Auf keinen Fall darf die Maß Bier fehlen!

Münchner Prinzregententorte

Der Prinzregent Luitpold schätzte bis ins hohe Alter ein kühles Bad. Es bereitete ihm maßloses Vergnügen, kurz vor dem Diner noch einmal in das Wasserbecken der Nymphenburger „Badenburg" zu springen, und die geladenen Gäste mußten wohl oder übel die kalte Freude mit ihm teilen. Ansonsten genoß der Prinzregent aber den Ruf eines fröhlichen und gütigen Menschen. Von der Hofkonditorei Rottenhöfer ist ihm diese Torte gewidmet worden.

150 g Butter, 3 Eier, getrennt nach Eigelb und Eiweiß, 150 g Zucker, ⅛ Liter Milch, 225 g Mehl, 50 g Stärkemehl, ½ Päckchen Backpulver, 1 Prise Salz, Fett zum Ausstreichen der Springform.
Für die Füllung: 125 g Butter, 125 g Schokolade, 2 Eier, 1 Eßlöffel Zucker, 150 g Kochschokolade, etwas Butter

Butter, Eigelb und Zucker schaumig rühren, Milch, Mehl, Stärkemehl, Backpulver und Salz hinzufügen und einen glatten Teig herstellen. Aus dem Eiweiß Schnee schlagen und unterheben. Aus dem Teig 6 – 8 Blätter backen, indem man je 3 Eßlöffel Teig auf eine kleine gefettete Springform streicht und die Böden jeweils 8 – 10 Minuten bei 200° C im Backofen bäckt. Auskühlen lassen.

Für die Füllung wird die Butter mit der erwärmten Schokolade, den Eiern und dem Zucker schaumig geschlagen. Die einzelnen Kuchenblätter werden mit der Creme bestrichen und aufeinander gesetzt, wobei das oberste Blatt frei bleibt. Die Kochschokolade erwärmen und mit etwas Butter verrühren. Den Guß sofort von allen Seiten über die Torte ziehen.

Rehragout in gescheckIter Milli

Alljährlich im August feiern nicht nur passionierte Jäger das Fest der großen Göttin, die bei den Griechen Artemis und bei den Römern Diana hieß. Sie, die Göttin der Wälder und Felder, der Bäume und heilbringenden Kräuter und des freien Getiers, ist auch die Schutzpatronin von Hirsch und Reh.
Eine gescheckIte Milli ist Buttermilch, also Milch, die durch das Sauerwerden ein scheckiges Aussehen erhält.

1 kg Rehfleisch mit Knochen (Schulter, Brust), ½ Liter Buttermilch, ½ Liter herber Rotwein, ½ Liter Wasser, 1 große Zwiebel, 5 Knoblauchzehen, etwas süßer und etwas scharfer Paprika, 1 Lorbeerblatt, 6 Wacholderbeeren, 4 Nelken, 6 Pimentkörner, 1 Prise Zucker.
50 g Fett, Salz, Pfeffer, 1 Prise Zucker, Speisestärke

Das Rehfleisch in Stücke schneiden. Aus Buttermilch, Rotwein, Wasser, der Zwiebel, den Knoblauchzehen, den Gewürzen eine Marinade herstellen. 1 Prise Zucker hinzufügen und das Rehfleisch mit den Knochen in die Flüssigkeit geben. In einer Schüssel drei bis fünf Tage zugedeckt im Kühlschrank beizen lassen. Dann die Beize durch ein Sieb schütten und auffangen. Ragoutstücke in heißem Fett anbraten, die Zwiebel aus der Marinade in kleine Würfel schneiden, die Knoblauchzehen zerdrücken und mit dem Fleisch gut durchrösten. Dann die Beize hinzugeben, salzen, pfeffern und mit Zukker abschmecken. Langsam schmoren lassen, bis das Fleisch weich ist – zirka 1½ Stunden bei 200–220° C. Dann die Soße mit etwas angerührter Speisestärke andicken.

Tegernseer Renke

Die Renken, anderswo auch Felchen oder Maränen genannt, sind schlanke Lachsfische, die vor allem in den schönen bayerischen Voralpenseen gefangen werden. Sie können bis zu 75 cm lang und gut drei Kilogramm schwer werden. Ihr Fleisch ist äußerst wohlschmekkend.

4 Renken (Felchen), Salz, 4 Eßlöffel feingehackte Zwiebeln, 2 Eßlöffel feingehackte Petersilie, etwas Mehl, 100 g Butter, ¾ Liter saure Sahne, 2 Eßlöffel gehackter Dill, 2 Eßlöffel gehackter Liebstöckl

Die Renken säubern, außen und innen salzen, mit den Zwiebeln und der Petersilie füllen und in Mehl wenden. In einer Bratpfanne reichlich Butter erhitzen, die Renken rund 20 Minuten braten lassen, dabei wenden und mit der Butter öfter übergießen.

Die Renken warmstellen. Den Bratensatz mit saurer Sahne, dem feingehackten Liebstöckl und dem Dill aufkochen, über die Renken gießen.

Als Beilage Salzkartoffeln reichen.

Grünwalder Ritterzipfe

Grünwald, früher ein verschlafenes Dörfchen im Süden von München, ist längst von der heimlichen Hauptstadt der Deutschen vereinnahmt worden. Trotzdem hat die um die Jahrhundertwende nur 456 katholische Einwohner zählende Gemeinde, in der es ein herzogliches Jagdschloß gab und die demgemäß von großen Forsten umgeben war, ihre Eigenheiten bewahren können. Hier ist auch heute noch der Bayer bayerischer, der Münchner münchnerischer und der Grünwalder, sofern Sie einen treffen, stolz wie ein Nachfahre der Grafen von Seyssel d'Aix, eines Geschlechts, das ehemals dort ansässig war.

1 kg Kartoffeln, 250 g magerer geräucherter Speck, 2 mittlere Zwiebeln, 250 g rohes gehacktes Sauerkraut, 3 Eigelb, 2 Eßlöffel saure Sahne, gehackte Petersilie, Salz, Pfeffer, Muskat, 50 g Kartoffelmehl, 30 g Schweineschmalz

Kartoffeln schälen, kochen, abschütten und gut abtrocknen lassen. Anschließend durch die Kartoffelpresse drücken. Speck und Zwiebeln in Würfel schneiden, in einer Bratpfanne anbraten und kalt werden lassen. Die Speck-Zwiebel-Mischung, das Sauerkraut, Eigelb, saure Sahne und gehackte Petersilie mit dem Kartoffelbrei vermengen und mit Salz, Pfeffer und Muskat kräftig würzen. Das Kartoffelmehl auf einem Tisch ausstäuben und aus dem zubereiteten, möglichst heißen Brei fingergroße Würstchen rollen. Nachdem sie erkaltet sind, werden die Würstchen in heißem Schweineschmalz knusprig braun ausbacken. Diese Ritterzipfe schmecken ausgezeichnet zu Bier und Wein.

Rohrnudeln

Früher mußte man mit dem vorliebnehmen, was der Boden und die Wälder um einen herum abgaben. Das war meist nicht viel, und die Variationsmöglichkeit der Hausfrau beschränkte sich auf den geschickten Umgang mit Mehl, Milch, Eiern und Schmalz. Viele schmackhafte, urbayerische Rezepte sind daraus entstanden, die Dampf- oder Rohrnudeln gehören dazu. Sie unterscheiden sich praktisch nur dadurch, daß die Rohrnudeln in der Röhre goldbraun gebacken, während die Dampfnudeln in einem festverschlossenen Topf geschmort werden.

500 g Mehl, 25 g Hefe, ¼ Liter Milch, 1 Eßlöffel Zucker, 1 Prise Salz, 3 Eier, 1 Eßlöffel zerlassene Butter, 80 g Sultaninen, 100 g Margarine

Das Mehl in eine Teigschüssel geben, in der Mitte eine Grube machen, die Hefe, etwas lauwarme Milch und den Zucker hineingeben, zugedeckt etwa 20 Minuten gehen lassen. Danach die restliche Milch, Salz, Eier und zerlassene Butter mit dem Vorteig verarbeiten, die Sultaninen zufügen, ordentlich durchkneten und nochmals zugedeckt gehen lassen, bis sich Blasen zeigen. In einer Backreine die Margarine zerlaufen lassen, aus dem Teig mit dem Eßlöffel kleine Laiblein formen, im Fett der Backreine wälzen und nebeneinander schichten. Im Backofen bei 220°C 30 Minuten backen, bis die Rohrnudeln goldbraun aussehen und gut aufgegangen sind. Kompott dazu reichen.

Saibling vom Königssee

Schon im 16. Jahrhundert loben französische Köche die Saiblinge als „die Rebhühner des Wassers". Später wurden sie in Bayern etwas schwülstig als „die gesalbten Könige und Priester" der Alpenseen bezeichnet. Auch die bayerischen Regenten wußten sie zu schätzen. Die besten soll es auch heute noch im Königssee geben, wo früher das Lieblingsjagdgebiet des Prinzregenten Luitpold war, der die Saiblinge mit großem Genuß verspeiste.

2 Liter Wasser, Salz, 1 Tasse herber Weißwein, 1 Zitronenscheibe, ½ Bund Petersilie, 4 Saiblinge.
Für die Soße:
200 g Butter, 1 Dose Krebsbutter, 1 Eßlöffel gehackte Petersilie

Das Wasser mit Salz aufkochen, den Weißwein dazugießen, Zitronenscheibe sowie Petersilienbund dazugeben und die frischen Saiblinge einlegen. Bei kleiner Hitze – das Wasser darf nicht kochen – je nach Fischgröße 10 – 20 Minuten gar ziehen lassen.

Die Butter mit der Krebsbutter erhitzen, Petersilie einstreuen und mit Salzkartoffeln zum Fisch reichen. Dazu paßt ein Weißherbst, Chablis oder ein anderer trockener Weißwein.

Münchner Sauerbraten

(für 6 Personen)

München verdankt seine Entstehung der Eifersucht Heinrichs des Löwen. Um 1157/58 zerstörte er den bischöflich-freisingischen Marktort Oberföhring und verlegte den dortigen Markt nach „Munichen", das er mit Zoll- und Münzrechten ausstattete. Schon bald wurde München zum Zentrum Bayerns. Daß es auch der kulinarische Mittelpunkt geworden ist, verdankt es seiner hervorragenden geographischen Lage und seinen herrlichen Märkten.

*1½ kg Rindfleisch im Stück,
½ Liter Wasser, ½ Liter Weinessig,
2 Zwiebeln, 3 Bund Suppengrün,
2 Lorbeerblätter, 2 Nelken,
4 Wacholderbeeren, je 1 gestrichener Teelöffel Rosmarin und Thymian,
Salz, Pfeffer, 100 g ungeräucherter Speck, 40 g Schmalz,
1 Stück Sauerteig-Brotrinde,
¼ Liter Crème fraîche*

Die Sehnen vom Fleisch entfernen. Wasser und Essig aufkochen, die zerkleinerten Gemüse und die Gewürze hinzufügen und aufwallen lassen. Das Fleisch in eine Schüssel legen, mit dem lauwarmen Sud übergossen 5 Tage zugedeckt stehen lassen und ab und zu wenden. Nach dem Marinieren das Fleisch gut abtrocknen und spicken. Schmalz in einem Topf auslassen und das Fleisch kräftig anbraten. ½ Liter Marinade mit Gemüse und Gewürzen aufgießen und die Brotrinde zufügen. Etwa 2½ Stunden bei 200° C im Backofen braten. Hin und wieder Fleisch mit Soße begießen. Das Fleisch in Scheiben schneiden und warmstellen. Die Soße durch ein Sieb streichen und die Gemüse dabei kräftig ausdrücken. Den Sud mit Crème fraîche zu einer dicklichen Soße einkochen. Abschmekken und über die Fleischscheiben gießen.

Sauerkraut mit Gselchtem

Wenn der frisch geerntete Weißkohl gehobelt, eingesalzen und der Gärung überlassen, wenn dann Gewürze, Zucker, Kräuter und – wichtig! – auf 50 Kilogramm mindestens 1 Liter Wein zugegeben wird, dann erhalten wir ein schmackhaftes, in vielen deutschen Landen geschätztes und auf die verschiedensten Arten zubereitetes Gericht. Sauerkraut sollte nicht gewaschen werden, da sich sonst sein hoher Gehalt an Vitaminen und Mineralsalzen stark vermindert. Auch Nichtbayern, von denen sich mittlerweile ja eine ganze Menge im Land herumtreiben sollen, wissen, daß das berühmte Gselchte ein angeräuchertes Stück Schweinefleisch, vornehmlich vom Bauch, ist. Nur die Schwaben haben gelegentlich Schwierigkeiten, wenn ein Bayer „a Gsölchts" möchte, was beim Nachbarn möglicherweise als „Gsälz" verstanden wird – und das ist im Schwäbischen Marmelade!

½ Zwiebel, 10 g Fett, 750 g Sauerkraut, Kümmel, Wacholderbeeren, ½ Liter Wasser oder Brühe, Salz, 1 Prise Zucker, 750 g geräuchertes Schweinefleisch (Gselchtes)

Die Zwiebel in heißem Fett andünsten, Sauerkraut, Kümmel, die Wacholderbeeren und Wasser oder Brühe hinzugeben, mit Salz abschmecken und das Kraut 1 – 1½ Stunden gardünsten. Nach Belieben mit einer Prise Zucker abschmecken. Das Kraut schmeckt noch besser, wenn das geräucherte Schweinefleisch von Anfang an mitgekocht wird. Eine Schwarte oder ein Schweinsknöcherl, die ebenfalls in den Topf gegeben werden, tragen zur Verfeinerung dieses deftigen Essens bei.

Scheiterhaufen

Wie dieses Gericht zu seinem an Hexenverbrennungen erinnernden Namen kommt, wird wohl ein Geheimnis bleiben. Wahrscheinlich ist es deshalb so genannt worden, weil hier Schicht auf Schicht gepackt wird und das Ganze bei 200° C in der Röhre etwa eine halbe Stunde schmoren muß.

10 – 12 alte feingeschnittene Semmeln oder 500 g altbackenes, feingeschnittenes Weißbrot, 3/8 Liter Milch, 1 Prise Salz, 30–50 g Zucker, 2 – 3 Eier, 6–8 mittelgroße Äpfel, etwas Zitronensaft, 20 g Butter, 30 – 50 g Sultaninen, 4 Eßlöffel Sauerrahm, 4 Eßlöffel Quark

Die geschnittenen Semmeln in eine große Schüssel geben. Milch, 1 Prise Salz, Zucker und die Eier gut verquirlen und über die Semmeln gießen. Etwas von der Eiermilch zurückbehalten. Ziehen lassen.
Äpfel schälen, aufspalten, Kernhaus entfernen und grob raspeln, mit Zitronensaft beträufeln. Auflaufform ausfetten. Semmeln abwechselnd mit den Äpfeln und den gewaschenen Sultaninen einschichten; oben mit einer Semmelschicht aufhören. Etwas glattstreichen und die restliche Eiermilch darübergießen. Bei etwa 180–200° C eine halbe Stunde backen.
Sauerrahm und Quark gut verrühren. Auf den fast garen Scheiterhaufen geben und nochmal im Rohr überbacken. Dazu eine Frucht- oder Vanillesoße reichen.

Schinkenknödel

Die Legende berichtet, daß es auf manchen Höfen in Bayern 365mal im Jahr Knödel gab – verschiedene zwar, doch halt Knödel. Wer dies nicht glaubt, sollte einmal diese Schinkenknödel probieren, und er wird verstehen, warum es so viele Menschen gibt, denen ein guter Knödel über alles geht.

6 alte Semmeln, 1 Tasse Milch, 1 kleine Zwiebel, 1 kleines Bund Petersilie, Fett zum Dämpfen, 2 Eier, 1 Prise Salz, geriebene Schale einer halben Zitrone, 125 g gekochter Schinken

Die Semmeln feinschneiden und mit der lauwarmen Milch übergießen, zugedeckt eine halbe Stunde stehen lassen. Inzwischen werden die kleine Zwiebel und die feingeschnittene Petersilie im Fett gedämpft und anschließend alles an die eingeweichten Semmeln gerührt. Nun gibt man die Eier, eine Prise Salz sowie die Zitronenschale hinzu und mengt zum Schluß den in kleine Würfel geschnittenen Schinken darunter. Aus der Masse vier gleichmäßig große Knödel formen, die man im Salzwasser etwa eine Viertelstunde lang kocht.

Beim Anrichten kann man die Knödel noch mit angeröstetem Paniermehl bestreuen.

Schlachtschüssel

Früher wurde die „Fasnacht“ wohl noch ausgiebiger gefeiert als heute. Besonders an den letzten Tagen vor Aschermittwoch ging es heiß her – nicht nur auf den Tanzböden und Veranstaltungen, sondern auch in der Küche. Nach dem Donnerstag mit der Kindermaskerade folgte der Freitag mit der traditionellen Schlachtschüssel. Da sollen manchmal so viele Würste auf den Tisch des Hauses gekommen sein, daß die Vorräte noch bis weit in die damals streng eingehaltene Fastenzeit gereicht haben.

20 g fetter Speck, 1 Zwiebel,
750 g Sauerkraut, 2 Äpfel,
3/8 Liter Brühe,
750 g Schweinebauch, Salz,
Pfeffer, 4 Blutwürste, 4 Leberwürste

Speck auslassen, kleingehackte Zwiebel darin etwas anbräunen, zerrupftes Sauerkraut zugeben, kleingeschnittene, geschälte Äpfel untermischen und mit der Brühe aufgießen. Schweinebauch auf das Kraut legen, salzen, pfeffern und 45 Minuten bei kleiner Hitze kochen. In den letzten 15 Minuten die Blut- und Leberwürste mitdämpfen. Dazu werden Salzkartoffeln oder Brot gereicht.

Passauer Schlosserbuom

An der Mündung von Inn und Ilz in die Donau liegt das rund 2000 Jahre alte Passau. Am südlichen Innufer soll unter dem römischen Kaiser Domitian (81–96) ein Kastell angelegt worden sein. Viele hundert Jahre nach der römischen Gründung gelangte die Siedlung unter karolingischen Einfluß und wurde 739 Bischofssitz. Vielleicht kannte der Bischof schon dieses Rezept in abgewandelter Form?

2 Eier, 2 Eßlöffel Zucker,
¼ Liter helles Bier, 2 Eßlöffel Öl,
250 g Mehl,
1 Messerpitze geriebener Muskat,
24 Dörrzwetschgen, 24 Mandeln,
50 g geriebene Schokolade,
50 g Zucker, Fett zum Ausbacken

Eier mit dem Zucker schaumig rühren, Bier und Öl dazugeben. Dann das mit Muskat gemischte Mehl unterarbeiten. Es muß ein dickflüssiger Teig entstehen. Eine Stunde ruhen lassen und nochmals durchrühren.

Aus den Dörrzwetschgen die Steine entfernen und dafür Mandeln eindrücken. Das Obst in den Bierteig tauchen und in heißem Fett goldgelb ausbacken. Noch heiß in der Schokoladen-Zucker-Mischung wenden.

Schnepfen

Zwischen dem dritten und fünften Sonntag vor Ostern kehren die Schnepfen aus ihren Winterquartieren an der afrikanischen Westküste zurück. Die rebhuhngroßen Vögel brüten dann in den Laub- und Mischwäldern Mittel- und Nordeuropas. Wegen ihres wohlschmeckenden Fleisches werden die spitzschnäbeligen Schnepfen stark gejagt. Der lange, gerade „Schnabel" gab ihnen auch den Namen. Als besondere Delikatesse gelten die Eingeweide, auch Schnepfendreck genannt.

4 Schnepfen, Salz,
4 Scheiben geräucherter Speck,
100 g Butter, 1 Glas herber Rotwein.
Schnepfendreck: Eingeweide der Schnepfen (ohne Magen), 50 g Räucherspeck, 2 Schalotten, ½ Bund Petersilie, 50 g Butter, 1 Teelöffel Paniermehl, Salz, Pfeffer, 4 getoastete Weißbrotscheiben, etwas Parmesan zum Bestreuen

Die geputzten Schnepfen salzen, den langen Schnabel festbinden, über die Brust eine Speckscheibe wickeln. Die Butter in einer Bratreine auslassen, Schnepfen hineinlegen und den Rotwein angießen. Bei 220° C im Backofen unter häufigem Begießen etwa 20–30 Minuten braten. Das Fleisch sollte noch rosa sein. Kurz vorher die Speckscheibe entfernen, damit auch die Brust bräunt.

Herz, Leber und Gedärm (nicht den Magen) der Schnepfen mit dem Räucherspeck, den Schalotten und der Petersilie feinhacken, in der Butter leicht braten, mit Paniermehl binden und mit Salz und Pfeffer würzen. Die Masse auf getoastete Weißbrotscheiben streichen, mit Parmesan bestreuen und im Ofen leicht überbacken. Zu den Schnepfen reichen.

Schönmus-Auflauf

Wahrscheinlich gab es schon im 3. Jahrtausend v. Chr. in Vorderindien Haushühner. Über die alten Hochkulturen Ägyptens und Mesopotamiens sind sie dann nach Südosteuropa gelangt. Es gibt rund 150 Hühnerrassen, die sich in fünf große Gruppen einteilen lassen: Die Zwierassen, die zur Eier- und Fleischgewinnung gezüchtet werden, die Fleischrassen, Zierhühner, die Kampfhühner und die Legerassen, die etwa 60 g schwere Eier nahezu 300mal pro Jahr ablegen. Eier sind denn auch der Hauptbestandteil dieses Rezepts.

1 Zitronenschale, abgerieben,
125 g Zucker, ½ Liter Milch,
8 Eier, getrennt nach Eiweiß
und Eigelb, 50 g Mehl, 20 g Butter

Die abgeriebene Schale einer unbehandelten Zitrone wird mit dem Zucker vermischt und in der Milch zu einem Brei gekocht. Vom Herd nehmen und abkühlen lassen. Wenn der Brei kalt ist, die Eigelb und das Mehl langsam unterrühren. Aus dem Eiweiß einen Schnee schlagen und unter die Masse heben. Eine Auflaufform mit der Butter ausstreichen, die vorbereitete Masse einfüllen und im Backofen bei mittlerer Hitze etwa 30 Minuten garen.

Schuchsen

Gelegentlich wird dieses Rezept mit Schuxen beschrieben, was aber nicht korrekt ist, denn der Name kommt von „eines Mann's Schuhlänge", so groß also sollen einmal diese Schmalznudeln gewesen sein. In der Landshuter Gegend ißt man sie vom Georgentag, dem 24. April, bis zur Kirchweih am dritten Sonntag im Oktober. Im Voralpengebiet und im Chiemgau serviert man die Schuchsen gerne zum Dreikönigstag.

600 g Roggenmehl, 1/8 Liter Milch,
1 Prise Salz, 4 Eßlöffel Quark,
Schweineschmalz zum Ausbacken

Aus der Hälfte des Roggenmehls und der Milch einen Vorteig bereiten, der drei Stunden gehen muß. Diesem Vorteig den Rest Mehl, Salz und Quark zufügen und zu einem zarten Teig verkneten. Er muß noch einmal zwei Stunden gehen. Dann werden dünne, handtellergroße Stücke geformt und in heißem Schweineschmalz goldbraun gebacken. Schuchsen sind sehr locker und müssen innen hohl sein. Sie werden mit Zucker bestreut zum Kaffee gereicht oder natur zu Suppen und Gemüsen.

Oberpfälzer Schuh

Eine Leibspeise der Oberpfälzer ist der Schuh, im Landesdialekt „Schouch“ ausgesprochen. Diese Art Mürbeteig verdient es, über die Landesgrenzen hinaus bekannt zu werden, denn man kann ihn zu Kompott oder Gemüse essen – Kohlrüben und Kartoffelgemüse werden von den Oberpfälzern bevorzugt.

250 g Mehl, 1 Ei, 50 g Butter, 3 Eßlöffel saurer Rahm

Aus allen Zutaten einen Teig kneten, der auf dem Nudelbrett fingerdick ausgerollt wird. Auf ein Backblech geben und bei gut 200° C im Ofen so lange backen, bis der Teig zartbraun geworden ist. Nach dem Abkühlen in portionsgroße Stücke schneiden.

Schwammerln zu Semmelknödeln

Die Bayern verfügen über ein reichhaltiges Arsenal von kernigen Sprüchen. Einer davon heißt: „S'beste Gmüas is's Fleisch." Und wenn in einem Kochbuch über die bayerische Küche zu lesen ist, daß Schwammerln (so nennt der Bayer die Pilze) eher für den Hausgebrauch sind, so fordert das Widerspruch heraus. Denn erstens zieht es immer noch ganze Scharen in die bayerischen Wälder zum Schwammerlsuchen, und zweitens führen auch zwei- und dreisternige Restaurants im Freistaat Schwammerln mit Knödeln auf der Karte, wenn gerade Saison ist. Es muß also keineswegs immer Schweinsbraten sein.

2 Zwiebeln, 100 g Speck, 500 g Pilze (Steinpilze, Pfifferlinge, bayerisch Reherl genannt, Birkenpilze, Maurachen, zu deutsch Morcheln, oder einfach auch gemischt), Salz, Pfeffer, etwas Mehl, 2 Eßlöffel saure Sahne, Petersilie

Zwiebel grob hacken und zusammen mit dem gewürfelten Speck hellbraun braten. Die geschnittenen Pilze hinzugeben, salzen und pfeffern und rund 15 Minuten zugedeckt schmoren lassen. Etwas Mehl mit der sauren Sahne verrühren und unter die Pilze rühren. Kurz aufkochen und mit viel Petersilie bestreuen. Dazu Semmelknödel reichen.

Bayerischer Schweinsbraten

Würde in Bayern eine Volksabstimmung über die beliebteste Fleischspeise abgehalten – der Sieger stünde von vornherein fest: der Schweinsbraten. Obgleich der Braten von einem saftigen Stück Schwein auch in anderen Landen geschätzt wird, so haben es die Bayern in der Zubereitung doch zu besonderer Meisterschaft gebracht. Wichtig ist, daß die Schwarte kreuzweise eingeschnitten und knusprig braun gebraten sein muß. Dann kann der echte Bayer mit Recht sagen: „S'gibt nix Bess'res als an Schweinsbrat'n – es sei denn zwoa Schweinsbrat'n!"

1 kg Schweinefleisch (Schulter, Hals, Rippe) mit Schwarte, Salz, Nelken, 1 große Zwiebel, 1 Lorbeerblatt, Suppengrün, 5 Pfefferkörner, 1 Knoblauchzehe, etwas Speisestärke, Streupfeffer

Fleisch mit Salz einreiben und mit der Schwarte nach unten in die Bratpfanne des Backofens legen. Bei 225° C braten, zuvor mit einem Viertelliter Wasser übergießen. Nach 15 Minuten den Braten wenden und die Schwarte kreuzweise einschneiden. In die Schnittpunkte Nelken einstecken und 45 Minuten unter häufigem Begießen weiterbraten. Dann die gewürfelte Zwiebel, das Lorbeerblatt, das feingewiegte Suppengrün, die Pfefferkörner und die zerteilte Knoblauchzehe dazugeben. Alles noch weitere 10 Minuten braten und dabei die Schwarte mit Salzwasser begießen, damit sie recht knusprig wird. Fleisch warmstellen und inzwischen den Fond mit einem Teelöffel Speisestärke binden und mit Pfeffer und Salz abschmecken. Natürlich gehören zum bayerischen Schweinsbraten Knödel und Krautsalat oder grüner Salat.

Schweinshaxn gebraten oder gegrillt

Früher stellte die selbstgemästete Sau die Hauptquelle aller „fleischlichen" Freuden dar. Damals waren die ausgewachsenen Hausschweine jedoch viel schwerer und fetter. Eine Haxn muß daher eine wahre Kalorienbombe und nur etwas für einen ausgehungerten Schwerstarbeiter gewesen sein. Auch heute spielt das Schweinerne auf dem Küchenzettel jeder Bajuwarin eine wichtige Rolle – nicht nur, weil es in vielen Variationen zubereitet werden kann und hervorragend schmeckt, sondern weil es auch wichtige Vitamine enthält.

2 hintere Schweinshaxn, Salz, Pfeffer, Kümmel, 1 Prise Knoblauchpulver, ¾ Liter kochendes Wasser, 1 Zwiebel (mit der Schale, geviertelt), etwas Bier

Die Schweinshaxn waschen, Schwarte würfelförmig einschneiden, mit Salz und den Gewürzen gründlich einreiben. In die Fettpfanne oder Reine geben und etwas kochendes Wasser aufschütten. Die Haxn etwa 2 – 2½ Stunden bei 200° C bräunen. Dabei werden sie öfters mit Wasser begossen und gewendet. Die Zwiebel wird hinzugegeben und der Rest des kochenden Wassers seitlich nachgegossen. Kurz vor Ende der Garzeit die Haxn auf den Rost legen, öfter mit Bier bestreichen und bei 250° C knusprig überbacken.

Man kann die Schweinshaxn auch im Schnellkochtopf zirka zehn Minuten dünsten, herausnehmen, mit Bier bestreichen und im Herd oder Grillautomaten noch zehn Minuten grillen. Als Beilagen passen Kartoffelknödel, Semmelknödel, Brotknödel, gekochtes Sauerkraut, Kartoffelsalat und grüner Salat.

Semmelknödel

Angeblich sollen bayerische Knödel schon einmal einen Krieg gewonnen haben. Der Sage nach wurde die niederbayerische Stadt Deggendorf von einem böhmischen Stamm, den Hussiten, belagert. Doch bald ging den Deggendorfern die Munition aus. Sie wußten sich jedoch zu helfen und schossen mit hartgewordenen Knödeln auf den Feind. Aus der Deggendorfer Verlegenheitslösung wurde eine Wunderwaffe. Die Hussiten zogen sich zurück – vielleicht, weil sie aus ihrer Heimat nur längliche Knödel gewohnt waren und somit die bayerische Nationalkost für echte Kanonenkugeln hielten.

10 – 12 alte Semmeln, Salz,
3/8 Liter warme Milch, 10 g Fett,
1 Teelöffel feingehackte Zwiebel,
1/2 Teelöffel feingehackte Petersilie,
3 – 4 Eier, zum Kochen: Salzwasser

Semmeln dünn aufschneiden, salzen, mit warmer Milch übergießen und zugedeckt etwa 30 Minuten weichen lassen. In dem Fett die Zwiebel und die Petersilie andünsten, zum Semmelknödelteig geben, die Eier ebenfalls. Alles wird nun gut geknetet. Einen kleinen Probeknödel in das kochende Salzwasser geben. Ist dieser gut, werden mit angefeuchteten Händen 6–8 Knödel geformt und eingelegt. Zugedeckt das Wasser wieder zum Kochen bringen, dann halboffen 20 Minuten köcheln lassen. Semmelknödel sind in Bayern ebenso universelle Essensbeilage wie Spätzle in Schwaben.

BROT

Semmelschmarrn mit Zwetschgen-eigmachts

Der Schmarrn ist eine der ältesten bayerischen Mehlspeisen. Entstanden ist er aus dem früher üblichen Brei aus Mehl und Fett, den es als Hauptspeise gab. Noch Ende des 15. Jahrhunderts sprach der Volksprediger Geiler von Kaisersberg von einem Brocken, Klumpen oder Bissen, wenn er den Schmarrn meinte. Aber in einem Kochbuch, das im Jahre 1620 veröffentlicht wurde, heißt es schon: „Mach' von weißem Brot und Butter ein Schmärrlein oder Gerösch." Und wenn einer unklar daherredet, ist das ebenfalls „ein Schmarrn".

8 alte Semmeln, ½ Liter Milch,
6 Eier, 300 g Zucker, 80 g Rosinen,
1 Zitronenschale, abgerieben,
50 g Butter, 1 Teelöffeel Zimt

Die Semmeln halbieren und in Scheiben schneiden. In eine große Schale die Milch, die Eier, 250 g Zucker, die Rosinen und die geriebene Schale einer Zitrone geben und verrühren. Über die geschnittenen Semmeln geben und einziehen lassen.

In eine Pfanne Butter geben und heiß werden lassen. Die Semmelmasse dazugeben, das Ganze in das Ofenrohr schieben und zirka 20 Minuten bei 200° C beidseitig backen. Anschließend den Schmarrn in walnußgroße Stücke zerteilen (am besten mit zwei Löffeln) und in einer Pfanne, in der der Rest des Zuckers und 1 Teelöffel Zimt vermengt sind, pudern. Auf feuerfester Platte anrichten. Dazu Zwetschgeneigmachts reichen.

Hausgemachter süßer Senf

Schon im 4. Jahrhundert v. Chr. würzten die Griechen mit Senf. Damals galt der Senf von der Insel Zypern als lukullische Delikatesse. Erst gut 1000 Jahre später gelangte dieses schmackhafte Gewürz nach Mitteleuropa, wo es vor allem von den Franzosen und Deutschen in unzähligen Variationen angeboten wird. Unbestritten gilt der süße Senf, der bei keinem Weißwurstessen fehlen darf, als eine Errungenschaft bajuwarischer Kochkunst.

250 g Farinzucker (brauner Zucker),
250 g gelbes Senfmehl,
125 g grünes Senfmehl (entölt),
0,7 Liter Essig, 0,7 Liter Wasser,
1 große Prise Salz

Den Farinzucker zusammen mit dem gelben und grünen Senfmehl in einen Topf geben. Den Essig und das Wasser in einen anderen Topf geben, mit Salz abschmecken, aufkochen lassen und sofort über das Gemisch aus Farinzucker und Senfmehl gießen. Alles verrühren und erkalten lassen.

Je nach Geschmack kann der süße Senf noch mit geriebenem Meerrettich, Schnittlauch, Dill und Petersilie verfeinert werden.

Rottaler Streichkäs

Dort, wo es der Überlieferung nach „die schönsten Rösser, die besten Kühe und die Bauern mit den dicksten Schädeln" gibt, liegt Rottal. Das wiederum liegt an der Rott, einem linken Nebenfluß des Inn. Welchem „dicken Schädel" im Ort freilich das Rezept zum „Rottaler Streichkäs" einfiel, ist bis dato unbekannt. Wichtig ist bei diesem Rezept, daß der Quark, zu dem man in Bayern Topfen sagt, einige Tage lang einer gleichbleibenden Wärme von ca. 30° C ausgesetzt wird. Deshalb haben ihn früher die Bäuerinnen einfach mit ins Bett genommen!

1 kg trockener Quark,
½ Liter Wasser, 1 Eßlöffel Butter,
1 Teelöffel Kümmel

Den trockenen Quark mit der Hand durchbröseln, in eine Tonschüssel geben, mit einem Leinentuch bedecken und zwei Tage lang an einen etwa 30° C warmen Ort stellen. Nach der Reifezeit wird der Quark mit dem Wasser, der Butter und dem Kümmel in einem Topf unter Rühren auf etwa 80° C erhitzt, vom Ofen genommen und ständig weitergerührt, bis die Masse abgekühlt ist. Der gut gekühlte Käse wird mit viel Butter, frisch gemahlenem Pfeffer und mit Radi zu Schwarz- oder Weißbrot gereicht. Und wer's Bier dazu vergißt, ist selber schuld!

Surhaxn

„Surhaxn" ist eine köstliche bayerische Delikatesse, die nördlich der Mainlinie auch unter dem Namen „Eisbein" bekannt ist. Nach alten Rezepten soll erst kurz vor dem Braten die Schwarte rautenförmig eingeschnitten werden.

2 gepökelte Schweinshaxn von je 1000 g, Pfeffer, Salz, Paprika, Wacholder, Knoblauch

Die Haxn kräftig mit Pfeffer, Salz, Paprika, Wacholder und Knoblauch einreiben. Auf einen Spieß stecken und bei großer Hitze in der Röhre oder im Grill anbraten. Nach Bläschenbildung auf der Schwarte den Spieß auf kleinere Hitze umhängen und unter ständigem Drehen weiterrösten. In der Röhre bei 220 – 260° C bis zu 3½ Stunden braten. Die Haxn verliert dadurch etwa 40 Prozent ihres Frischgewichtes. So schmeckt sie einmalig gut, weil sie fast fettfrei wird, ohne jedoch auszutrocknen.

Dazu kann Sauerkraut und Kartoffelpüree gereicht werden. Echte Münchner, so heißt es, sollen ihre Haxn aber nur mit gutem Bauernbrot verzehren.

Tellersulz vom Spanferkelkopf

Der Name Spanferkel kommt von „spänen", was früher nichts anderes als säugen hieß. Es ist ein etwa sechs Wochen altes, noch säugendes Tier, dessen Fleisch sehr fettarm ist und äußerst mild und delikat schmeckt.

1 Spanferkelkopf, Salz, 1 Schuß Essig, 4 Pfefferkörner, 1 Lorbeerblatt, 3–4 Nelken, 1 Bund Grünzeug (Lauch, Karotten, Sellerie), 1 Zwiebel, 4 große Karotten, 4 große Gewürzgurken

Spanferkelkopf vom Metzger spalten lassen, sauber unter kaltem Wasser abwaschen, in Wasser aufkochen. Den Sud abschütten. Noch einmal in frischem Wasser aufkochen, dann mit einem Sieb den Schaum abseihen. In den verbleibenden Sud das Salz, den Essig, die Pfefferkörner, das Lorbeerblatt, die Nelken, das kleingeschnittene Grünzeug und die Zwiebel geben. Das Fleisch im Sud etwa 1½ Stunden weichkochen lassen, dann herausnehmen, von den Knochen lösen und in große Würfel schneiden. Mit den geschnittenen Karotten und Gewürzgurken in große, tiefe Teller füllen. Die Brühe nachgießen. Die Teller gut durchkühlen lassen. Dazu Röstkartoffeln oder Zwiebelbratkartoffeln reichen.

Topfen-Nudln

In echten bajuwarischen Rezepten ist unter Schmalz immer Butterschmalz zu verstehen, und früher wären jeder Bäuerin die Mägde und Knechte weggelaufen, wenn sie etwas anderes verwendet hätte. Schmalz ist auch bei diesem Gericht die Hauptsache, das seinen Namen vom trockenen Quark hat, denn der wird hier Topfen genannt.

500 g trockener Quark, 1 Ei,
10 g Hefe, 100 g Mehl, 1 Prise Salz,
Schmalz zum Ausbacken

Der Quark wird mit dem Ei, der Hefe und dem Mehl gut durchgeknetet, eine Prise Salz muß sein, nach Geschmack kann man auch mehr hinzufügen.

Ist der Teig gut durchgeknetet, formt man etwa fingerdicke und fingerlange Würstchen, die in einem tiefen, feuerfesten Tiegel gebacken werden. Das siedende Schmalz sollte so hoch im Tiegel stehen, daß die Würstchen darin schwimmen können, sie sollten auf keinen Fall den Boden berühren. Die Nudeln nun so lange backen lassen, bis sie sich nicht mehr vergrößern – und erschrecken Sie nicht, denn sie werden groß! Die nun fast hohlen Nudeln herausnehmen und abtropfen lassen.

Je nach Geschmack ißt man dazu Sauerkraut oder Preiselbeeren.

Warmbier

Der Laie wird die Hände über dem Kopf zusammenschlagen, wenn er an warmes Bier auch nur denkt. Schließlich ist das kühle Helle für die meisten ein Hochgenuß, und schon ein paar Grad zuviel verderben oftmals den Geschmack. Dennoch sei dieses Rezept allen empfohlen, die sich Bier nur eisgekühlt vorstellen können, vor allem, wenn draußen ein kalter Wind pfeift und der Winter langsam einkehrt.

½ Liter Bier, 100 g Zucker,
½ Liter Milch, 5 – 6 Eigelb

Das Bier mit dem Zucker aufkochen lassen und den dabei entstehenden Schaum öfter abschöpfen. In einem anderen Topf die Milch zum Kochen bringen, währenddessen die Eigelb miteinander verquirlen. Das Bier und die Milch etwas abstehen lassen, dann das Bier langsam unter fortwährendem Rühren zum Eigelb gießen, danach die Milch. Das Ganze noch einige Minuten gut verquirlen, damit es recht fein und schaumig wird.

Weißwurst

Angeblich soll der Münchner Metzgergeselle Sepp Moser am 22. Februar des Jahres 1857 morgens um fünf für die Gaststätte „Zum ewigen Licht" die ersten Weißwürste hergestellt haben. Heute werden allein in München täglich weit über 100000 Weißwürste verzehrt. Aber auch außerhalb Bayerns führen die Metzger immer häufiger Weißwürste in ihrem Repertoire. Seit dem Olympiajahr 1972 gibt es in München sogar eine richtige Weißwurstverordnung. Danach muß die Weißwurst nach folgendem Rezept hergestellt sein:

„Bei der Original Münchner Weißwurst muß der Muskelfleischanteil überwiegend, das heißt zu mindestens 51% aus Kalbfleisch bestehen. Dem entsehnten Fleisch werden gekochte, ausgelöste Kalbskopfteile mit Haut, Bindegewebsteilen von Kälbern sowie gekochte Schwarten von jungen Schweinen zugesetzt. Die Häutelwerkzusätze dürfen insgesamt nicht mehr als 10% betragen. Der Fremdwassergehalt darf 25% nicht übersteigen, der Fettgehalt nicht 30%."

Die individuelle Würzmischung und die Festigkeit oder Lockerheit der Würste bleibt das Küchengeheimnis des jeweiligen Metzgers.

Wichtiger als das Rezept – Weißwürste sollte man immer beim Metzger frisch kaufen oder an einem Weißwurststand essen – sind folgende Grundprinzipien: Sie schmeckt nur am Morgen, und sie darf das Zwölfuhrläuten nicht erleben, sonst wird sie „lätschert". Dazu wird süßer Senf und eine Brezen gegessen sowie eine Maß Bier getrunken. Es ist nicht zu empfehlen, Weißwürste selbst herzustellen, denn man braucht dazu das noch warme Brät frischgeschlachteter Kälber.

Regensburger Wurstsalat

„Regensburger" heißen nicht nur die Bewohner der an der Mündung von Regen und Naab in die Donau gelegenen Bischofsstadt, sondern auch die von dort kommenden kurzen, dicken, fetten und scharf gewürzten Würste. Sie bilden die wohlschmeckende Grundlage eines urbayerischen Wurstsalates, den man gut als Hauptgericht einplanen kann und zu dem man unbedingt ein kühles Helles servieren sollte.

500 g Regensburger Würste,
1 große Zwiebel, 1 Eßlöffel Essig,
3 Eßlöffel Öl, Pfeffer, Salz,
1 Bund Schnittlauch

Die Regensburger von der Haut befreien und in Scheiben schneiden. Die Zwiebel ebenfalls in dünne Ringe schneiden und zur Wurst geben. Aus Essig, Öl, Pfeffer und Salz eine Marinade rühren, über den Wurstsalat geben, gut vermischen und etwas ziehen lassen. Kurz vor dem Anrichten den gehackten Schnittlauch überstreuen.

Schlußwort

Ohne die bereitwillige Unterstützung durch Bibliotheken und Museen, ohne die wertvollen Hinweise bayerischer Gastronomen hätte das Buch nicht in dieser Form erscheinen können.

Unser besonderer Dank gilt:

Herrn Karl Bachmair vom Hotel-Restaurant Bachmair, Weißach am Tegernsee,

Frau Katharina Boyen vom Amt für Landwirtschaft, Straubing-Bogen,

Frau Christa Kern vom Amt für Landwirtschaft und Tierzucht, Traunstein,

Herrn Fritz Mayer von der Heilig-Geist-Stift-Schenke, Passau,

Frau Friederike Ott vom Amt für Landwirtschaft und von der Landwirtschaftsschule, Amberg,

Herrn Küchenmeister Peter Stolzenberger vom Hotel Wastlsäge, Bischofsmais.

Bildquellen

Edmond van Hoorick:
6/7, 8, 16/17, 27, 28/29 (2), 47
Peter Mueck: 2, 10/11 (2), 18, 20/21, 24/25 (4), 32/33 (3), 36/37 (9), 44/45 (2)
Münchner Stadtmuseum: 40/41
Schneiders/Kinkelin: 14/15

Die Rezepte nach Gruppen

Soweit in den Rezepten nichts anderes vermerkt ist, sind die Zutaten für vier Personen berechnet.

Brotzeit – Zwischengerichte

Bierkaltschale 58
Essignudeln 76
Kartoffelschmarrn oder Erdäpfelzwirl 116
Leberkäs 126
Eingebackener Leberkäs 128
Obatzda 138
Grünwalder Ritterzipfe 146
Rottaler Streichkäs 184
Tellersulz vom Spanferkelkopf 188
Weißwurst 194
Regensburger Wurstsalat 196

Suppen und Eintopfgerichte

Abgeschmolzene Bier-Brotsupp'n 56
Butterklößchen 70
Hirgstsuppe 98
Leberknödelsuppe 130

Gemüse- und Pilzgerichte, Salate und Soßen

Bratwürstl auf bayerischem Kraut 66
Hechtenkraut 96
Sauerkraut mit Gselchtem 154
Schwammerln zu Semmelknödeln 172
Hausgemachter süßer Senf 182
Regensburger Wurstsalat 196

Knödel, Mehl- und Eierspeisen, Kartoffelgerichte

Bauchsteckerl 52
Blinde Tauben 62
Brotküchlein 68
Dampfnudln mit Vanillesoße 72
Essignudeln 76
Fingernudeln 82
Gwichste 88
Hans Girgerl 90
Kartoffelmaultaschen 114
Kartoffelschmarrn oder Erdäpfelzwirl 116
Mehldotsch 132
Grünwalder Ritterzipfe 146
Rohrnudeln 148
Scheiterhaufen 156
Schinkenknödel 158
Passauer Schlosserbuom 162
Schönmus-Auflauf 166
Schuchsen 168
Oberpfälzer Schuh 170
Semmelknödel 178
Semmelschmarrn mit Zwetschgen-eigmachts 180
Topfen-Nudln 190

Fischgerichte

Hechtenkraut 96
Gebackener Isarhuchen 102
Karpfen blau 112
Tegernseer Renke 144
Saibling vom Königssee 150

Fleisch- und Wurstgerichte

Niederbayerisches Beuscherl 54
Böfflamott 64
Bratwürstl auf bayerischem Kraut 66
Gefüllter Brustbraten 86
Hasenrücken mit Champignons 94
Hausgemachte Kalbsbrieswurst 104
Kalbshaxn 106
Kalbsnierenbraten 108
Kalbsvögerl 110
Krenfleisch mit Wurzeln und Stampf-kartoffeln 122
Kronfleisch 124
Leberkäs 126
Eingebackener Leberkäs 128
Münchner Sauerbraten 152
Sauerkraut mit Gselchtem 154
Schlachtschüssel 160

Bayerischer Schweinsbraten 174
Schweinshaxn gebraten oder gegrillt 176
Surhaxn 186
Weißwurst 194
Regensburger Wurstsalat 196

Wild und Geflügel

Fasan mit grünem Wacholder 78
Gamskeule 84
Kirchweihganserl 120
Rehragout in geschecklter Milli 142
Schnepfen 164

Zum Nachtisch

Ananascreme 48
Apfelcreme 50

Kleingebäck

Fastnachtskrapfen 80
Hasenöhrl 92
Schuchsen 168

Kuchen

Erdbeersahnekuchen 74
Käsekuchen mit Baiser 118
Feiner Nußkuchen 134
Nuß-Schlagrahm-Torte 136
Münchner Prinzregententorte 140

Getränke

Bierlikör 60
Hollersekt 100
Warmbier 192

Die Rezepte alphabetisch

Ananascreme 48
Apfelcreme 50

Bayerischer Schweinsbraten 174
Bayerisches Kraut mit Bratwürstl 66
Bauchsteckerl 52
Beuscherl niederbayerisch 54
Bier-Brotsupp'n abgeschmolzen 56
Bierkaltschale 58
Bierlikör 60
Blinde Tauben 62
Böfflamott 64
Bratwürstl auf bayerischem Kraut 66
Brotküchlein 68
Brotsupp'n abgeschmolzen 56
Brustbraten gefüllt 86
Butterklößchen 70

Dampfnudln mit Vanillesoße 72

Eingebackener Leberkäs 128
Erdäpfelzwirl 116
Erdbeersahnekuchen 74
Essignudeln 76

Fasan mit grünem Wacholder 78
Fastnachtskrapfen 80
Fingernudeln 82

Gamskeule 84
Gansbraten 120
Gefüllter Brustbraten 86
Grünwalder Ritterzipfe 146
Gselchtes mit Sauerkraut 154
Gwichste 88

Hans Girgerl 90
Hasenöhrl 92
Hasenrücken mit Champignons 94
Hechtenkraut 96
Hirgstsuppe 98
Hollersekt 100

Isarhuchen gebacken 102

Kalbsbrieswurst hausgemacht 104
Kalbshaxn 106
Kalbsnierenbraten 108
Kalbsvögerl 110
Karpfen blau 112
Kartoffelmaultaschen 114
Kartoffelschmarrn oder Erdäpfelzwirl 116
Käsekuchen mit Baiser 118
Kirchweihganserl 120
Krapfen 80
Krenfleisch mit Wurzeln und Stampfkartoffeln 122
Kronfleisch 124

Leberkäs 126
Leberkäs eingebacken 128
Leberknödelsuppe 130

Mehldotsch 132
Münchner Prinzregententorte 140
Münchner Sauerbraten 152

Niederbayerisches Beuscherl 54
Nußkuchen 134
Nuß-Schlagrahm-Torte 136

Obatzda 138
Ochsenfleisch 64
Oberpfälzer Schuh 170

Passauer Schlosserbuom 162
Prinzregententorte 140

Regensburger Wurstsalat 196
Rehragout in gescheckter Milli 142
Renke aus dem Tegernsee 144
Ritterzipfe, Grünwalder 146
Rohrnudeln 148
Rottaler Streichkäs 184

Saibling vom Königssee 150
Sauerbraten, Münchner 152
Sauerkraut mit Gselchtem 154
Scheiterhaufen 156
Schinkenknödel 158
Schlachtschüssel 160
Schlosserbuom, Passauer 162
Schnepfen 164
Schönmus-Auflauf 166
Schuchsen 168
Schuh, Oberpfälzer 170
Schwammerln zu Semmelknödeln 172
Schweinsbraten bayerisch 174
Schweinshaxn gebraten oder gegrillt 176
Semmelknödel 178
Semmelschmarrn mit Zwetschgen-eigmachts 180
Senf süß 182
Streichkäs, Rottaler 184
Süßer Senf 182
Surhaxn 186

Tegernseer Renke 144
Tellersulz vom Spanferkelkopf 188
Topfen-Nudln 190

Warmbier 192
Weißwurst 194
Wurstsalat, Regensburger 196

In unserer Kochbuchreihe

Kulinarische Streifzüge

sind in gleicher Ausstattung
bereits erschienen
die Bände

Schwaben Friesland
Franken Baden
Hessen Pfalz
Rheinland Westfalen
Niedersachsen
Schweiz Österreich
Elsaß

Die Reihe wird fortgesetzt

sigloch edition

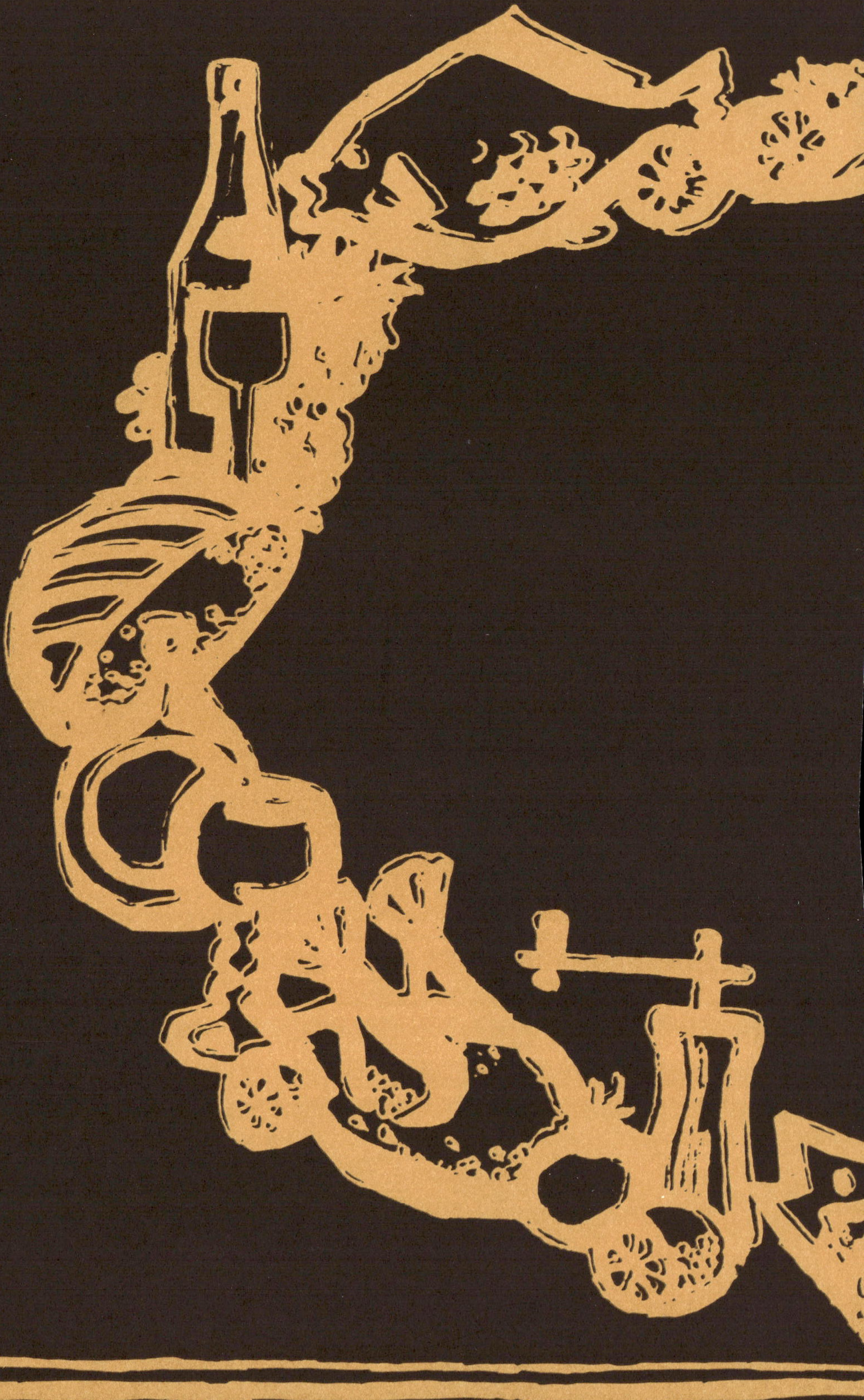